GW01403349

Kai Lian

Rituais da Unidade
Um Estudo de Li no Pensamento Confuciano

BOOKLAS
PUBLISHING

Equipe de Produção
Editor: Luiz Antonio dos Santos
Consultoria Filosófica e Cultural: Kai Lian, Akiko Yamamoto, Chen Wei
Revisão de Texto: Helena Ribeiro, Aiko Tanaka
Design Gráfico e Diagramação: Clara Antunes
Capa: Estúdio Booklas / Gabriel Fonseca
Publicação e Identificação
Rituais da Unidade / Por Kai Lian
Booklas, 2024
Categorias: Filosofia. História. Cultura Chinesa. Desenvolvimento Pessoal.
I. Lian, Kai. II. Antunes, Clara. III. Título.
DDC: 181.112 - CDU: 181.1

Direitos Reservados
Editora Booklas
Rua José Delalíbera, 962
86.183-550 – Cambé – PR
E-mail: suporte@booklas.com
Website: www.booklas.com

Sumário

Prólogo

O caos que molda e desfigura a história, os conflitos que corroem a alma coletiva de uma civilização, e as verdades que permanecem ocultas sob o véu do tempo... Este é o solo fértil onde ideias transformadoras germinam. Você está prestes a iniciar uma jornada única, que ultrapassa os limites da compreensão comum e convida à descoberta de um alicerce eterno de harmonia.

O livro que você segura nas mãos não é apenas uma obra sobre um período conturbado da China antiga. Ele é um espelho que reflete questões universais, atravessando as barreiras do tempo e do espaço. Cada página carrega o peso de séculos de sabedoria, condensada em conceitos que desafiam as normas, que ressoam nas fibras mais profundas do seu ser. Não é um texto acadêmico frio; é um convite à transcendência, uma oportunidade de reconectar-se com valores que podem transformar vidas, sociedades e a própria essência do que significa ser humano.

Imagine-se vivendo em um tempo onde cada ação era um ritual, e cada ritual, um elo com o cosmos. Neste contexto, a desordem política e a decadência moral não eram apenas desafios sociais, mas gritos de uma humanidade desconectada do que a tornava inteira. Foi nesse cenário que um homem, Confúcio, e uma filosofia, o confucionismo, emergiram como respostas a um vazio existencial. Não pense, porém, que o confucionismo pertence ao passado. Ele ecoa na modernidade, apontando caminhos em um mundo igualmente caótico e fragmentado.

Este livro é mais do que uma narrativa histórica ou filosófica; ele é um manual para a reconstrução de um equilíbrio perdido. As ideias de Confúcio não se limitam a uma era ou a um povo; elas dialogam com as aspirações de quem busca harmonia em meio ao caos moderno. Ele é para você, que deseja compreender o poder dos rituais como veículos de transformação, a importância da virtude como força unificadora e a relevância de uma liderança ética em tempos de crise.

Ao mergulhar nas páginas que seguem, você encontrará lições que transcendem dogmas. As ideias aqui apresentadas não impõem; elas iluminam. O que é justiça se não um reflexo da harmonia interior? O que são os rituais senão ferramentas para alinhar o humano ao transcendente? E a virtude, tão explorada e muitas vezes esquecida, o que pode ser além do caminho que liga a moral individual ao bem-estar coletivo?

Se você sente que falta algo essencial na maneira como o mundo opera, este livro é a sua resposta. Ele não promete soluções fáceis ou rápidas. Pelo contrário, ele exige que você encare as complexidades da existência e da moralidade com coragem e profundidade. Mas ele oferece algo raro: uma oportunidade de ver além do visível, de questionar os fundamentos do que você considera como verdade e de transformar essa busca em uma prática viva.

Não existe acaso no fato de você estar aqui, agora, segurando este livro. Há uma razão pela qual ele encontrou seu caminho até você, e há um chamado silencioso em suas páginas, esperando por ser respondido. Você aceitará o desafio? As páginas estão abertas, e a jornada começa.

Capítulo 1
Origens

O mundo da China antiga era um mosaico de contradições e aspirações. Durante o período dos Estados Combatentes (475–221 a.C.), o território que conhecemos hoje como China era uma colcha de retalhos de estados em constante conflito, cada um buscando ampliar seu poder em meio ao caos. O cenário político era marcado por guerras incessantes, mas também por uma criatividade fervilhante, pois os desafios da época impulsionaram as pessoas a reimaginar a ordem e o propósito da existência. Foi nesse solo fértil, mas turbulento, que germinaram as ideias que moldariam não apenas uma nação, mas também o curso do pensamento humano.

A desintegração da dinastia Zhou ocidental marcou o início de um ciclo de desordem que desafiou as bases da sociedade tradicional. A ordem hierárquica e os costumes ritualísticos que antes unificavam o povo começaram a desmoronar. Sem um centro forte, os estados regionais competiam ferozmente, fragmentando o território e semeando o medo e a instabilidade. Contudo, esse mesmo cenário de incerteza abriu espaço para inovações culturais e filosóficas. Os antigos valores, baseados na harmonia entre o Céu, a Terra e a humanidade, estavam em xeque, mas ainda ressoavam nas aspirações daqueles que buscavam respostas para a crise.

Entre as características marcantes da época estava a descentralização política. Os senhores de guerra, guiados mais pela ambição do que pela justiça, acumulavam poder e moldavam alianças instáveis. Essa fragmentação, no entanto, não se limitava às arenas de batalha. Ela afetava a economia, a agricultura e a vida diária das populações comuns. O comércio florescia em meio à guerra, mas com ele vinham novas tensões: as disparidades econômicas entre os ricos e os pobres ampliavam-se, gerando ressentimentos que corroíam os tecidos sociais. Mesmo assim, as famílias permaneciam como o eixo central da vida cotidiana, um bastião de estabilidade em um mundo à beira do colapso.

A veneração dos ancestrais desempenhava um papel crucial na organização cultural e espiritual. Era mais do que um ritual; era um elo que conectava as gerações, uma lembrança de que o presente não existia isolado do passado. Ao mesmo tempo, a noção de *Tian*—o Céu—como fonte de ordem moral persistia, mesmo quando os governantes falhavam em espelhá-la. Esses elementos antigos, embora enfraquecidos pela confusão política, preparavam o terreno para o surgimento de ideias que tentariam restaurar a harmonia perdida.

Os desafios sociais eram igualmente profundos. A agricultura, o alicerce da economia, enfrentava crises provocadas pela guerra e pela exploração dos camponeses. As comunidades locais, muitas vezes abandonadas à própria sorte, tinham que lidar com as consequências de governos negligentes ou opressivos. As tradições familiares ofereciam uma rede de suporte, mas também traziam consigo uma carga de expectativas e deveres que nem sempre podiam ser cumpridos em tempos tão conturbados. A busca por estabilidade era, portanto, uma constante, e muitos olhavam para o passado como fonte de inspiração.

No meio de tantas incertezas, surgiram pensadores que buscavam não apenas sobreviver ao caos, mas transcendê-lo. Esses indivíduos viam o momento como uma oportunidade de redefinir a sociedade, guiados por princípios que refletiam um ideal de ordem e justiça. Entre as escolas de pensamento que emergiram, o confucionismo destacava-se por sua abordagem prática e, ao mesmo tempo, profundamente ética. Era uma resposta às necessidades do tempo, mas também um apelo para algo maior—uma visão de harmonia que unia os mundos humano e cósmico.

Os Estados Combatentes não foram apenas um período de destruição; foram também uma era de transformação. Através das cinzas da velha ordem, uma nova consciência começou a emergir. Não era apenas sobre governar, mas sobre governar com virtude. Não se tratava apenas de sobreviver, mas de viver com propósito. E foi nesse turbilhão que as sementes do confucionismo começaram a germinar.

À medida que os conflitos se intensificavam, os pensadores da época não podiam ignorar a necessidade de repensar a estrutura social. Mas o confucionismo não surgiu como uma ruptura completa com o passado; pelo contrário, ele buscava resgatar a sabedoria ancestral e adaptá-la aos novos tempos. Era uma tentativa de reconciliar a tradição com a inovação, de restaurar a ordem sem negligenciar a humanidade.

A fragmentação política não significava apenas guerra; também trouxe inovação em governança. Muitos estados começaram a experimentar novas formas de administração, inspirados pela necessidade de eficiência. Essas inovações seriam cruciais para o pensamento confucionista, que via o governo não apenas como um exercício de poder, mas como uma expressão de virtude e responsabilidade.

Os conflitos, paradoxalmente, também incentivaram a troca cultural e intelectual. Filósofos viajavam de estado em estado, oferecendo conselhos aos governantes e difundindo ideias que, mais tarde, se tornariam a base das tradições chinesas. Foi nesse contexto que Confúcio apareceu, não como um salvador messiânico, mas como uma figura profundamente humana, com uma visão prática e ao mesmo tempo elevada da vida.

Ao compreender as origens antigas, não se pode ignorar o impacto duradouro dessas circunstâncias históricas. O confucionismo não surgiu em um vácuo, mas como uma resposta articulada aos problemas e esperanças de sua época. A ordem que ele propunha era uma resposta direta ao caos, e a visão de harmonia que ele defendia era tanto um ideal como uma necessidade prática.

O período dos Estados Combatentes foi, assim, uma era de paradoxos: ao mesmo tempo que trouxe sofrimento, também criou as condições para uma renovação intelectual sem precedentes. E foi nesse cenário de conflito e aspiração que Confúcio e sua filosofia começaram a tomar forma, lançando as bases para um legado que ecoaria muito além de seu tempo e espaço.

Capítulo 2
Mestre Eterno

Confúcio, ou Kong Fuzi, como era conhecido em sua terra natal, nasceu em 551 a.C., na província de Lu, uma região que, embora pequena, possuía uma rica tradição cultural e histórica. Sua chegada ao mundo não foi marcada por glória ou privilégio. Era um período de instabilidade e fragmentação, onde o poder se desintegrava em pequenas feudalidades e a ordem ancestral dava lugar a ambições desmedidas. No entanto, foi nesse ambiente tumultuado que a semente de sua sabedoria começou a germinar.

Desde a infância, Confúcio enfrentou adversidades que moldariam sua visão de mundo. Seu pai, um soldado de renome já em idade avançada, morreu quando Confúcio ainda era muito jovem. Assim, ele foi criado apenas por sua mãe, que, apesar de viver em condições modestas, dedicou-se a proporcionar ao filho uma educação digna. Esse ambiente humilde e austero despertou nele um senso precoce de disciplina e uma curiosidade insaciável. Confúcio tornou-se autodidata, estudando história, música, rituais e os antigos textos que remontavam à dinastia Zhou, absorvendo os valores da tradição que o precedeu.

Na juventude, Confúcio desenvolveu uma fascinação pelos rituais e pela moralidade. Era frequente vê-lo em templos, observando com atenção cada gesto das cerimônias que considerava o coração pulsante da ordem social. Ele não via os rituais apenas como formalidades ou símbolos vazios, mas como expressões profundas de respeito, harmonia e conexão entre os homens e o cosmos. Essa perspectiva sobre os rituais, que ele chamaria de *Li*, seria um dos pilares de sua filosofia.

Ainda jovem, Confúcio tornou-se professor, uma ocupação rara em uma época em que a educação era reservada à elite. Mas sua abordagem era diferente. Ele não discriminava seus alunos pela origem ou classe social; todos eram bem-vindos, desde que demonstrassem um verdadeiro desejo de aprender. Essa abertura refletia sua crença na igualdade potencial dos homens, que podiam alcançar a virtude por meio do autocultivo. Para Confúcio, a educação não era apenas um meio de adquirir conhecimento, mas uma jornada para moldar o caráter e a moralidade.

Ao longo de sua vida, Confúcio não se limitou aos papéis de professor ou filósofo; ele também buscou influenciar a esfera política. Ele acreditava firmemente que a ética era a base para um governo justo e que a virtude de um líder deveria ser a força motriz de sua autoridade. Para ele, o governante era como o vento, e o povo, como a grama; onde o vento soprava, a grama se inclinava. Essa metáfora encapsulava sua visão de que a liderança exemplar poderia transformar uma sociedade.

Por volta dos 50 anos, Confúcio assumiu um cargo administrativo significativo no Estado de Lu, onde tentou implementar suas ideias de governança baseada na moralidade. Durante seu breve período como magistrado, dizem que ele conseguiu restaurar a ordem e a justiça de forma notável. Porém, suas reformas logo despertaram a resistência de figuras poderosas que preferiam preservar o status quo. Incapaz de consolidar suas mudanças, ele deixou seu cargo e começou uma longa peregrinação por outros estados em busca de um governante disposto a adotar seus princípios.

Durante essas viagens, Confúcio enfrentou desafios e rejeições. Em várias ocasiões, foi ridicularizado por cortes que viam sua ênfase na virtude como antiquada ou impraticável. Mas ele não se deixava abater. Cada obstáculo parecia reforçar sua determinação de preservar e disseminar suas ideias. Ele continuava reunindo discípulos, muitos dos quais mais tarde desempenhariam um papel crucial na disseminação de seus ensinamentos. Suas conversas e debates com esses discípulos seriam posteriormente registradas nos *Analetos*, o texto que viria a ser a espinha dorsal do confucionismo.

Um aspecto notável de sua filosofia é que ela não se baseava em dogmas rígidos ou revelações sobrenaturais, mas em uma análise cuidadosa da natureza humana e da sociedade. Confúcio acreditava na bondade inerente do ser humano, mas reconhecia que essa bondade precisava ser cultivada por meio da prática constante da virtude. Ele defendia o autocultivo como o caminho para alcançar não apenas a realização pessoal, mas também a harmonia social. Sua ética enfatizava a reciprocidade— "não faça aos outros o que não deseja para si mesmo"—como um princípio central que guiava todas as relações humanas.

Embora Confúcio tenha vivido em uma época de turbulência, sua visão era profundamente otimista. Ele via o potencial para a transformação moral em cada indivíduo e acreditava que a sociedade podia alcançar a harmonia através do retorno aos princípios de virtude, justiça e respeito pelos rituais. Sua filosofia transcendia o momento histórico em que foi formulada, oferecendo uma abordagem prática e universal para questões de governança, ética e relações humanas.

No entanto, a vida de Confúcio não foi isenta de tragédias e decepções. Ele viu muitos de seus esforços políticos falharem e enfrentou períodos de pobreza e ostracismo. Apesar disso, ele nunca perdeu sua fé na humanidade ou em sua missão. Ele era um homem profundamente humano, com falhas e dúvidas, mas também com uma perseverança que inspirava aqueles ao seu redor.

Quando Confúcio faleceu, aos 73 anos, deixou para trás não riquezas ou conquistas políticas, mas um legado de ideias que continuariam a florescer por séculos. Seus discípulos, movidos pela dedicação ao mestre, espalharam seus ensinamentos e ajudaram a estabelecer o confucionismo como a base da cultura chinesa. Não era apenas um sistema de pensamento; era um modo de vida, uma ponte entre o passado e o futuro.

Confúcio foi, acima de tudo, um eterno mestre—não no sentido de um líder infalível, mas como alguém que dedicou sua vida a aprender, ensinar e buscar a virtude. Sua visão de que o aprendizado é um processo contínuo, de que a virtude é a verdadeira medida de um homem e de que a harmonia é o objetivo supremo da sociedade ressoa até hoje, iluminando o caminho para aqueles que buscam compreender a complexa dança entre o indivíduo e o coletivo.

Ele não buscava a glória pessoal, mas a melhoria da humanidade. Sua vida e sua obra continuam a ser um testemunho de que, mesmo em tempos de caos e incerteza, a busca pela virtude e pela sabedoria pode iluminar os caminhos mais sombrios. Confúcio não era apenas um homem de sua época; ele tornou-se um mestre para todos os tempos.

Capítulo 3
Pensamento Fundamental

Na essência do confucionismo repousa uma visão abrangente da vida, uma teia intrincada de conceitos que entrelaça o indivíduo, a sociedade e o cosmos em uma busca incessante pela harmonia. Para compreender os alicerces dessa filosofia, é necessário explorar suas ideias fundamentais, os pilares que sustentam sua abordagem sobre moralidade, governança e o propósito humano.

No coração do confucionismo está o conceito de *Ren* (humanidade ou benevolência), uma virtude que transcende a simples empatia. Para Confúcio, *Ren* era a expressão máxima da bondade, a capacidade de colocar-se no lugar do outro e agir com altruísmo em todas as interações. Não se trata apenas de um ideal abstrato, mas de uma prática concreta que começa nas relações familiares e se expande para a sociedade como um todo. A humanidade, nesse contexto, é vista como o elo que une os homens, transformando suas diferenças em uma força coletiva para o bem comum.

Ao lado de *Ren*, destaca-se *Li* (ritual ou propriedade). Embora à primeira vista *Li* possa parecer restrito a cerimônias formais, sua aplicação vai muito além. Ele abrange todas as formas de comportamento que refletem respeito e decoro, desde os rituais ancestrais até as interações cotidianas. Para Confúcio, os rituais não eram apenas ações externas, mas manifestações de uma ordem interna, um reflexo de harmonia entre o indivíduo e as normas da sociedade. Praticar *Li* era, portanto, um meio de cultivar a virtude e reforçar a coesão social.

Outro conceito fundamental é *Yi* (justiça ou retidão), que se refere à capacidade de discernir o certo do errado e agir de acordo com princípios éticos, mesmo em situações difíceis. *Yi* não é guiado por recompensas ou punições, mas por um compromisso interno com o que é moralmente correto. Para Confúcio, a justiça não era apenas uma virtude individual, mas um pilar essencial para a governança e a estabilidade social.

Esses conceitos são unificados por uma crença no *Tian* (Céu), que no confucionismo não é apenas uma entidade divina, mas uma ordem moral universal. *Tian* representa os princípios que governam o cosmos e oferecem um modelo para a conduta humana. Confúcio via a harmonia entre o Céu, a Terra e a humanidade como o objetivo último da existência. Essa ideia de alinhamento com o *Tian* influenciava todas as suas reflexões sobre ética e política.

Ao conectar esses conceitos, o confucionismo estabelece uma visão integrada da vida, onde o autocultivo é tanto um objetivo individual quanto uma responsabilidade coletiva. Confúcio acreditava que a transformação da sociedade começava com o indivíduo. Ele formulou uma cadeia de desenvolvimento moral que partia do autocultivo (*xiu shen*) e se expandia para a governança familiar (*qi jia*), a administração estatal (*zhi guo*) e, finalmente, a harmonização do mundo (*ping tian xia*).

O processo de autocultivo ocupa um lugar central no confucionismo. Confúcio ensinava que a virtude não era algo inato, mas algo que se desenvolvia por meio do aprendizado e da prática. Ele enfatizava a importância da introspecção, do estudo e da disciplina como meios para alcançar um estado superior de moralidade. O objetivo final era o ideal do *Junzi*, frequentemente traduzido como "homem superior" ou "nobre". O *Junzi* não era definido por sua posição social, mas por sua integridade, sabedoria e compromisso com o bem comum.

O conceito de *Junzi* contrasta com o de *Xiaoren*, ou "homem pequeno", que age motivado por interesses egoístas e imediatistas. Para Confúcio, a distinção entre o *Junzi* e o *Xiaoren* era crucial, pois refletia a diferença entre uma vida orientada pela virtude e uma vida governada pelo oportunismo. O *Junzi*, com seu comportamento exemplar, servia como um modelo para a sociedade, inspirando outros a seguir o caminho da virtude.

No confucionismo, o papel da educação é inseparável da formação moral. Confúcio via o aprendizado como uma jornada contínua, onde o conhecimento era tanto uma ferramenta para o autodesenvolvimento quanto uma ponte para a sabedoria prática. Ele valorizava o estudo dos textos clássicos, mas também acreditava na importância da reflexão e do aprendizado com as experiências cotidianas. Para ele, o verdadeiro aprendizado não se limitava ao acúmulo de informações, mas envolvia a transformação do caráter.

Além disso, a ideia de harmonia (*He*) permeia todo o pensamento confucionista. A harmonia não implica a ausência de conflitos, mas a capacidade de integrar diferenças de maneira equilibrada e produtiva. Esse princípio é aplicado em todas as esferas, desde as relações familiares até a política. Confúcio acreditava que a harmonia era alcançada quando cada indivíduo cumpria seu papel com virtude, respeitando as interdependências que sustentam a ordem social.

Outro aspecto crucial do pensamento confucionista é a reciprocidade. O princípio de "não fazer aos outros o que não deseja para si mesmo" resume a ética relacional defendida por Confúcio. Esse ensinamento, muitas vezes considerado uma forma primitiva da Regra de Ouro, orienta as interações humanas em direção a um equilíbrio justo e respeitoso.

Confúcio também via a política como uma extensão da moralidade. Ele acreditava que a boa governança dependia da virtude do governante, não de leis ou punições. Um líder virtuoso, segundo ele, inspira o povo a agir com retidão, enquanto um líder corrupto semeia desordem e desconfiança. Para Confúcio, a liderança era uma responsabilidade sagrada, e o governante ideal era aquele que governava não com força, mas com exemplo.

Essa visão política estava profundamente enraizada na noção de mérito. Embora Confúcio reconhecesse a hierarquia como uma característica inevitável da sociedade, ele defendia que as posições de liderança deveriam ser ocupadas por aqueles com maior virtude e sabedoria, independentemente de sua origem social. Esse ideal meritocrático foi um dos aspectos mais inovadores e duradouros de sua filosofia.

Ao articular esses conceitos, Confúcio criou uma visão filosófica que é, ao mesmo tempo, prática e transcendente. Sua ênfase no autocultivo, na virtude e na harmonia oferece um modelo de vida que busca alinhar o indivíduo com os princípios universais e, por meio desse alinhamento, transformar a sociedade.

Esses fundamentos do pensamento confucionista formam a base sobre a qual a tradição foi construída e expandida ao longo dos séculos. Eles são mais do que ideias abstratas; são guias para a ação, desafiando cada geração a refletir sobre o que significa viver uma vida ética e contribuir para a harmonia do mundo.

Capítulo 4
Contexto Social

A paisagem social em que o confucionismo emergiu era marcada por profundos abismos entre as classes e uma instabilidade que corroía as bases da ordem tradicional. Durante o período dos Estados Combatentes, a desintegração do poder central e a fragmentação das instituições criaram um ambiente de tensão constante. Governantes locais disputavam territórios e influências, enquanto o povo comum lutava para sobreviver à sombra de regimes cada vez mais arbitrários. Nesse cenário, a filosofia de Confúcio encontrou seu propósito como uma tentativa de restaurar a coesão perdida e criar um novo equilíbrio.

A sociedade da época era essencialmente agrária, sustentada por comunidades de camponeses que dependiam de ciclos agrícolas previsíveis e das tradições que regulavam a vida coletiva. Contudo, as guerras incessantes e o aumento da exploração econômica começaram a desestabilizar essas comunidades. Governantes locais, ansiosos por financiar suas campanhas militares, impunham pesados impostos e requisitavam colheitas, deixando os camponeses à mercê da fome e da pobreza. Esse ciclo de exploração exacerbava as tensões sociais, criando uma sensação de desamparo entre os mais vulneráveis.

Paralelamente, a elite aristocrática, que antes desempenhava um papel de liderança moral e política, começou a perder sua conexão com o povo. À medida que os valores tradicionais se fragmentavam, muitos membros da aristocracia abandonaram os ideais de responsabilidade e virtude que outrora guiavam suas ações, em favor de uma busca desenfreada por riqueza e poder. Essa transformação contribuiu para o colapso da confiança nas estruturas sociais e políticas, levando à necessidade de uma reinterpretação dos papéis e deveres dentro da sociedade.

Confúcio percebeu que a raiz do problema não era apenas política ou econômica, mas moral. Para ele, o colapso da ordem social refletia uma falha coletiva em aderir aos princípios éticos que sustentavam as interações humanas. Ele via a desintegração da sociedade como um sintoma de uma crise mais profunda, uma desconexão entre as pessoas e os valores que deviam guiar sua conduta. Sua resposta foi propor uma filosofia que restaurasse esses valores por meio do autocultivo e da prática da virtude em todos os níveis da sociedade.

O confucionismo emerge, assim, como uma resposta direta às condições sociais de seu tempo. Ele não oferece apenas uma visão de como o indivíduo deve se comportar, mas também de como as estruturas sociais podem ser reorganizadas para promover a estabilidade e a harmonia. Confúcio acreditava que a chave para resolver os problemas de sua época estava na reformulação dos relacionamentos humanos, começando pelas famílias e expandindo-se para o Estado.

A importância da família no pensamento confucionista não pode ser subestimada. Em uma época de desordem, a família era a unidade básica de segurança e identidade. Confúcio via a família como um microcosmo da sociedade, onde os valores de respeito, cuidado e responsabilidade podiam ser cultivados. Ele enfatizava o conceito de *Xiao* (piedade filial), a devoção e o respeito aos pais e ancestrais, como o fundamento de todas as virtudes. Para ele, uma sociedade justa e harmoniosa só poderia ser construída se os indivíduos internalizassem esses valores desde o início da vida.

Além disso, o confucionismo propõe que a ordem social depende do cumprimento dos papéis designados a cada pessoa. Confúcio acreditava que cada indivíduo ocupava uma posição única dentro de um sistema interdependente. Governantes, pais, filhos e camponeses tinham responsabilidades específicas que, se desempenhadas com virtude, contribuiriam para a harmonia geral. Essa ênfase no cumprimento dos papéis sociais não era uma aceitação passiva da hierarquia, mas uma tentativa de garantir que todos os membros da sociedade agissem de acordo com princípios morais claros.

Outro aspecto crucial do contexto social foi o impacto das guerras na cultura do mérito. Com a necessidade de fortalecer os exércitos e a administração, muitos estados começaram a valorizar a competência mais do que a linhagem. Esse movimento, embora inicial, plantou as sementes de uma meritocracia que ressoaria profundamente no confucionismo. Confúcio incorporou essa ideia em sua filosofia, defendendo que o caráter e a virtude eram mais importantes do que a nobreza de nascimento na determinação do valor de um indivíduo.

No entanto, a desintegração da ordem tradicional não foi apenas uma fonte de desafios; também criou oportunidades para o surgimento de novas ideias. A crise abriu espaço para debates filosóficos e experimentações sociais, enquanto estudiosos e pensadores buscavam respostas para os dilemas de sua época. O confucionismo surgiu como uma das muitas escolas de pensamento que floresceram nesse período, ao lado do taoismo e do legalismo. Apesar de suas diferenças, essas filosofias compartilhavam a preocupação com a estabilidade e a sobrevivência em um mundo cada vez mais caótico.

Enquanto o taoismo enfatizava a harmonia com a natureza e o legalismo propunha o uso da força e da lei para manter a ordem, o confucionismo focava na transformação moral como o caminho para a estabilidade. Confúcio rejeitava tanto a passividade do taoismo quanto a rigidez do legalismo, argumentando que apenas a virtude genuína poderia criar uma ordem duradoura. Sua filosofia oferecia uma visão de sociedade baseada na confiança, na reciprocidade e na responsabilidade mútua, em vez do medo e da coerção.

As condições sociais da época também influenciaram a visão confucionista sobre liderança. Confúcio acreditava que a legitimidade de um governante não vinha de sua força ou hereditariedade, mas de sua capacidade de agir como um exemplo moral para o povo. Um governante virtuoso, em sua visão, era como uma estrela polar, que permanece imóvel enquanto todas as outras giram ao seu redor. Essa metáfora encapsula a ideia de que a liderança exemplar tem o poder de inspirar e guiar a sociedade para a harmonia.

Em última análise, o contexto social em que o confucionismo emergiu moldou profundamente sua filosofia e seus objetivos. Ele não foi apenas uma resposta aos problemas de sua época, mas uma tentativa de reimaginar as bases da convivência humana. Ao propor um retorno aos valores de virtude, respeito e harmonia, Confúcio buscava não apenas estabilizar sua sociedade, mas também criar um modelo que transcendesse o tempo e o espaço.

Por meio de suas ideias, o confucionismo ofereceu uma esperança para uma era marcada pela desordem. Ele desafiou as pessoas a olhar além de suas circunstâncias imediatas e a considerar seu papel na construção de uma sociedade mais justa e equilibrada. E, ao fazê-lo, deixou um legado que continua a inspirar aqueles que buscam restaurar a harmonia em tempos de incerteza.

Capítulo 5
Influências Culturais

Antes que o confucionismo emergisse como uma força filosófica, espiritual e social, ele foi profundamente moldado pelas tradições culturais e religiosas da China antiga. Essas influências não apenas forneceram o pano de fundo para os ensinamentos de Confúcio, mas também definiram os termos pelos quais sua filosofia seria articulada. A conexão com práticas antigas como o culto aos ancestrais, a veneração ao Céu (*Tian*) e os rituais tradicionais ajudou a criar uma ponte entre o passado e a visão transformadora que o confucionismo traria ao mundo.

Entre essas influências, o culto aos ancestrais ocupava um lugar central. Desde tempos imemoriais, os chineses acreditavam que os espíritos dos antepassados continuavam a influenciar a vida dos vivos, agindo como mediadores entre o mundo humano e as forças cósmicas. Essa prática não era meramente espiritual; ela moldava as estruturas familiares e sociais, conferindo aos mais velhos um status de autoridade moral e cultural. Confúcio, em seu esforço para restaurar a harmonia social, abraçou essa tradição e a incorporou em sua ênfase na *piedade filial* (*Xiao*). Para ele, o respeito pelos pais e ancestrais era a base da moralidade e o alicerce para a construção de uma sociedade estável e justa.

Essa conexão com os ancestrais não se limitava ao respeito ou à reverência, mas envolvia rituais cuidadosamente organizados que reforçavam a continuidade entre gerações. Confúcio valorizava esses rituais não apenas por sua dimensão espiritual, mas também por seu poder de educar e disciplinar. Ao participar de cerimônias em honra aos ancestrais, os indivíduos internalizavam a importância da ordem, do respeito e da responsabilidade. Esses rituais simbolizavam, para ele, a harmonia entre o passado, o presente e o futuro, uma ligação essencial para a estabilidade social.

Outro elemento crucial era a veneração ao Céu, ou *Tian*. No pensamento chinês antigo, *Tian* era visto como a força suprema que governava o universo, responsável pela ordem natural e moral. Embora não fosse um deus no sentido ocidental, *Tian* possuía uma autoridade incontestável, e sua vontade era interpretada como o caminho correto para a humanidade. Os governantes, em particular, eram considerados mandatários do Céu, incumbidos de manter a harmonia entre o mundo humano e o cósmico.

Confúcio adotou e reinterpretou essa ideia ao integrar o conceito de *Tian* em sua filosofia. Para ele, *Tian* não era apenas uma força cósmica, mas uma ordem moral universal que deveria guiar o comportamento humano. A virtude, nesse contexto, era o meio pelo qual os indivíduos podiam alinhar-se à vontade do Céu. Governantes virtuosos refletiam essa harmonia cósmica em suas ações, enquanto aqueles que agiam com tirania ou corrupção eram vistos como desviados da ordem celestial. Assim, *Tian* tornou-se um padrão moral que transcendeu a religião, funcionando como um princípio orientador tanto para indivíduos quanto para a sociedade.

A prática dos rituais (*Li*) também desempenhou um papel fundamental na formação do confucionismo. Antes de Confúcio, os rituais eram amplamente vistos como cerimônias formais destinadas a agradar os espíritos e assegurar a prosperidade. No entanto, ele transformou essa visão ao enfatizar o impacto moral e social dos rituais. Para Confúcio, *Li* não era apenas uma formalidade religiosa, mas um meio de cultivar a virtude e reforçar a coesão social.

Os rituais estruturavam a vida cotidiana, estabelecendo normas para interações familiares, relacionamentos sociais e até mesmo funções governamentais. Eles serviam como um lembrete constante da necessidade de respeito mútuo e autocontrole, valores que Confúcio considerava essenciais para a harmonia. Por meio da prática rigorosa de *Li*, os indivíduos aprendiam a moderar seus desejos e a priorizar o bem-estar coletivo, uma lição que reverberava em todos os aspectos da sociedade.

Além dessas práticas culturais, as influências filosóficas contemporâneas também moldaram o confucionismo. Entre elas, o taoismo, com sua ênfase na harmonia com a natureza e na simplicidade, ofereceu um contraste e um complemento às ideias de Confúcio. Embora Confúcio discordasse do taoismo em vários aspectos, ele compartilhou a visão de que a ordem natural era um modelo para a conduta humana. No entanto, enquanto os taoistas acreditavam na passividade e no desapego como caminhos para a harmonia, Confúcio defendia uma abordagem ativa, onde a virtude e os rituais eram instrumentos para moldar o caráter e a sociedade.

O legalismo, outra escola de pensamento da época, também influenciou indiretamente o confucionismo. Os legalistas viam a natureza humana como inerentemente egoísta e acreditavam que apenas leis rígidas e punições severas poderiam garantir a ordem social. Embora Confúcio rejeitasse essa visão pessimista da humanidade, ele reconhecia a importância de uma estrutura normativa para guiar o comportamento. Sua abordagem, no entanto, priorizava a transformação moral através da educação e do exemplo, em vez da coerção ou do medo.

Essa interação com outras tradições filosóficas ajudou a definir o confucionismo como uma síntese única, capaz de dialogar com ideias divergentes enquanto permanecia fiel à sua visão central de harmonia e virtude. A filosofia de Confúcio não emergiu isolada, mas como uma resposta cuidadosa às práticas e debates de sua época, incorporando elementos das tradições religiosas e culturais ao seu redor para criar um sistema de pensamento que ressoasse profundamente com as pessoas.

Por fim, a visão confucionista da sociedade e do indivíduo foi profundamente influenciada pela noção de que o mundo humano era intrinsecamente conectado ao universo maior. Essa visão holística, onde cada elemento desempenha um papel em um equilíbrio interdependente, refletia tanto as práticas ancestrais quanto as intuições filosóficas de Confúcio. Ele acreditava que, ao cultivar a virtude, praticar os rituais e respeitar a ordem estabelecida pelo Céu, os indivíduos poderiam contribuir para a harmonia cósmica e encontrar significado em suas vidas.

Assim, as influências culturais que moldaram o confucionismo não eram meramente contextuais; elas eram parte integrante de sua essência. Confúcio olhou para o passado não como um peso, mas como um recurso inesgotável de sabedoria e orientação. Ele reinterpretou tradições e práticas antigas para responder aos desafios de sua época, criando uma filosofia que transcendia suas origens e se tornava uma fonte de inspiração duradoura. Ao conectar as práticas religiosas e culturais ao seu pensamento, Confúcio forjou uma ponte entre o antigo e o novo, estabelecendo o confucionismo como um alicerce cultural e espiritual para gerações futuras.

Capítulo 6
Textos Clássicos

O confucionismo encontrou sua forma mais duradoura e estruturada nos textos que preservaram os ensinamentos de Confúcio e seus seguidores. Esses escritos, conhecidos como os Quatro Livros e os Cinco Clássicos, formam o núcleo da tradição confucionista e desempenharam um papel central na formação da cultura chinesa por séculos. Eles não são meros repositórios de ideias; são monumentos literários e filosóficos que carregam a essência do pensamento confucionista e sua visão de ordem, virtude e harmonia.

Os Quatro Livros, que consolidaram o confucionismo como sistema de pensamento, são: os *Analetos* (*Lunyu*), o *Grande Estudo* (*Daxue*), a *Doutrina do Meio* (*Zhongyong*) e o *Mêncio* (*Mengzi*). Esses textos, embora distintos em estilo e propósito, estão interligados por uma preocupação comum com o cultivo moral, a governança ética e a busca pela harmonia universal.

Entre esses, os *Analetos* ocupam um lugar singular. Compilados por discípulos de Confúcio após sua morte, eles apresentam um retrato íntimo de seu pensamento e caráter. Organizado como uma coleção de diálogos, o texto captura a essência das interações entre Confúcio e seus seguidores, revelando sua visão de vida por meio de reflexões concisas, mas profundas. Os *Analetos* não são uma narrativa linear nem um tratado filosófico formal; são fragmentos que, juntos, oferecem uma visão multifacetada de um mestre que buscava incessantemente alinhar a ética pessoal com a ordem social.

Um dos temas centrais dos *Analetos* é o *Junzi*, ou "homem superior". Confúcio descreve o *Junzi* como alguém que vive segundo os princípios de virtude, age com justiça (*Yi*) e cultiva a benevolência (*Ren*). Esse ideal é contrastado com o *Xiaoren*, o "homem pequeno", que age por interesse próprio e falta de visão ética. O texto oferece uma orientação prática para o autocultivo e a liderança, enfatizando a importância de pequenos atos de bondade e integridade no desenvolvimento de uma vida plena.

O *Grande Estudo* traz uma abordagem mais estruturada para o autocultivo e a governança. Este texto, breve mas impactante, articula um processo metódico que conecta a moralidade individual à harmonia universal. Ele descreve uma progressão que começa com a investigação das coisas e o cultivo da virtude e culmina na pacificação do mundo. Cada etapa é apresentada como interdependente, destacando a conexão inextricável entre o indivíduo e a sociedade.

Enquanto o *Grande Estudo* foca no método, a *Doutrina do Meio* explora o equilíbrio e a harmonia como estados ideais da existência. *Zhongyong*, que pode ser traduzido como "o Caminho do Meio", apresenta a ideia de que a virtude reside na moderação e no alinhamento com a ordem universal. Esse texto enfatiza que a harmonia não é alcançada pela negação de extremos, mas pela integração de forças opostas em um todo equilibrado. Ele também estabelece uma relação direta entre a prática da virtude e a manifestação da ordem celestial (*Tian*), sugerindo que a vida ética é uma expressão do cosmos em equilíbrio.

O *Mêncio*, por sua vez, é uma coletânea das ideias de Mengzi, um dos maiores intérpretes e desenvolvedores do pensamento confucionista. Mengzi aprofunda os conceitos de *Ren* e *Yi*, expandindo-os para a política e a economia. Ele defende a bondade intrínseca da natureza humana e argumenta que a governança deve ser fundamentada na virtude e no bem-estar do povo. Seus debates com outros filósofos da época, registrados no texto, ilustram sua visão de que o líder ideal não é aquele que domina pelo medo, mas aquele que inspira pelo exemplo.

Além dos Quatro Livros, os Cinco Clássicos fornecem a base histórica e cultural do confucionismo. Esses textos, que precedem Confúcio, foram por ele estudados e reinterpretados, tornando-se parte essencial de sua filosofia. São eles: o *Livro das Mutações* (*Yijing*), o *Livro dos Documentos* (*Shujing*), o *Livro das Canções* (*Shijing*), o *Livro dos Ritos* (*Liji*) e os *Anais da Primavera e Outono* (*Chunqiu*).

O *Livro das Mutações* é uma obra enigmática que combina filosofia, cosmologia e adivinhação. Ele apresenta a ideia de que o universo está em constante transformação, e que os humanos podem alinhar-se a essas mudanças por meio de uma compreensão profunda de seus padrões. Confúcio valorizava o texto não apenas como ferramenta de adivinhação, mas como um guia para a tomada de decisões sábias e a compreensão da ordem cósmica.

O *Livro dos Documentos* é uma coleção de discursos e relatos históricos que destacam os ideais de governança e virtude. Ele oferece exemplos de governantes virtuosos e suas realizações, servindo como modelo para a liderança ética. Para Confúcio, o estudo desse texto era essencial para compreender o papel do governante como guardião da harmonia social e reflexo da ordem celestial.

No *Livro das Canções*, encontra-se uma antologia poética que captura as emoções e experiências do povo antigo. Confúcio valorizava esses poemas como uma forma de nutrir a sensibilidade moral e emocional. Ele acreditava que a poesia podia refinar o caráter, cultivar a empatia e reforçar a conexão entre as pessoas e a natureza.

O *Livro dos Ritos* sistematiza as práticas cerimoniais e as normas de comportamento que sustentam a ordem social. Ele detalha a importância dos rituais (*Li*) como ferramentas para moldar o caráter e fortalecer as relações humanas. Para Confúcio, esses rituais não eram apenas formalidades, mas expressões tangíveis da harmonia entre o indivíduo, a sociedade e o cosmos.

Por fim, os *Anais da Primavera e Outono*, atribuídos ao próprio Confúcio, são um registro cronológico dos eventos históricos do estado de Lu. Embora aparentemente simples, o texto é carregado de julgamentos implícitos sobre moralidade e governança. Confúcio utilizava esses registros para ensinar lições éticas, mostrando como ações específicas podiam promover ou minar a ordem social.

Esses textos não apenas preservaram os ensinamentos de Confúcio e de seus seguidores, mas também moldaram a educação e a cultura na China por gerações. Eles eram estudados por aspirantes a funcionários públicos durante os exames imperiais, garantindo que os princípios confucionistas permanecessem no centro da administração governamental.

A sobrevivência desses textos é um testemunho de sua relevância e profundidade. Eles transcendem seu contexto histórico, oferecendo insights atemporais sobre moralidade, liderança e a busca pela harmonia. Cada palavra, cuidadosamente preservada, carrega a visão de Confúcio de um mundo onde a virtude e a ordem estão entrelaçadas, refletindo um ideal que continua a ressoar em tempos de complexidade e transformação.

Capítulo 7
Escola Confucionista

A visão filosófica de Confúcio não apenas sobreviveu ao seu tempo, mas floresceu graças à dedicação de seus discípulos e ao surgimento de uma escola de pensamento organizada. Após a morte de Confúcio em 479 a.C., seus discípulos desempenharam um papel central na preservação de sua visão. A eles coube a tarefa de compilar, comentar e expandir os ensinamentos que haviam recebido diretamente do mestre. Essas lições, inicialmente transmitidas oralmente, foram organizadas em textos como os *Analetos* (*Lunyu*), um registro de conversas que se tornou o núcleo da tradição confucionista.

Os discípulos mais próximos de Confúcio eram homens de origens diversas, muitos deles sem conexão com a aristocracia, mas unidos por uma paixão pelo aprendizado e pela virtude. Entre eles, destacam-se Yan Hui, Zilu e Zengzi, cada um contribuindo de maneira única para a disseminação dos ensinamentos do mestre. Yan Hui, por exemplo, era admirado por Confúcio por sua humildade e dedicação ao autocultivo, sendo frequentemente citado nos *Analetos* como modelo de virtude. Zengzi, por sua vez, desempenhou um papel crucial na transmissão do conceito de *piedade filial* (*Xiao*), que se tornaria um dos pilares do confucionismo.

À medida que os discípulos transmitiam os ensinamentos de Confúcio, começaram a surgir interpretações divergentes. Alguns enfatizavam a moralidade individual e o autocultivo, enquanto outros destacavam a importância da aplicação prática dos princípios confucionistas na governança e na política. Essa pluralidade de abordagens deu origem a diferentes correntes dentro da Escola Confucionista, todas enraizadas nos ideais do mestre, mas adaptadas às demandas e desafios de seu tempo.

Entre os séculos IV e III a.C., dois pensadores se destacaram como os maiores desenvolvedores do confucionismo: Mêncio (Mengzi) e Xunzi. Ambos foram responsáveis por expandir e sistematizar os ensinamentos de Confúcio, mas suas visões sobre a natureza humana e o papel da educação revelavam diferenças significativas.

Mêncio acreditava na bondade intrínseca da humanidade, argumentando que todos possuíam uma inclinação natural para a virtude. Em sua visão, o papel da educação era nutrir essas tendências inatas, removendo as influências externas que poderiam distorcer o caráter. Ele comparava a virtude humana a sementes que, quando cuidadas, florescem espontaneamente. Essa perspectiva otimista ressoou profundamente em épocas de renovação, oferecendo uma visão esperançosa de transformação social por meio do cultivo moral.

Xunzi, por outro lado, apresentou uma visão mais pragmática e desafiadora. Ele acreditava que a natureza humana era essencialmente egoísta e que a virtude não surgia de forma natural, mas precisava ser cultivada por meio de disciplina rigorosa e da prática dos rituais (*Li*). Para Xunzi, a educação e a cultura eram ferramentas indispensáveis para moldar o caráter e alinhar os interesses individuais com o bem comum. Embora suas ideias divergentes criassem tensões dentro da escola, ambas as abordagens enriqueceram a tradição confucionista, tornando-a mais robusta e adaptável.

Enquanto isso, a Escola Confucionista enfrentava desafios externos significativos. Durante o período dos Cem Escolas de Pensamento, o confucionismo competia com outras tradições filosóficas, como o taoismo e o legalismo, que ofereciam respostas distintas às crises sociais e políticas da época. O legalismo, em particular, ganhou destaque durante a dinastia Qin (221–206 a.C.), quando o Primeiro Imperador adotou políticas autoritárias que marginalizaram o confucionismo.

Apesar disso, a Escola Confucionista encontrou seu momento de ascensão sob a dinastia Han (206 a.C.–220 d.C.). O imperador Wu de Han, reconhecendo o potencial do confucionismo como base moral para a governança, declarou-o filosofia oficial do Estado. Esse reconhecimento consolidou a posição da Escola Confucionista na estrutura política e cultural da China, iniciando uma era em que os princípios confucionistas permeavam todas as esferas da vida pública.

A institucionalização do confucionismo trouxe novas responsabilidades e desafios para a Escola Confucionista. Durante os exames imperiais, que determinavam o acesso aos cargos públicos, os candidatos eram avaliados com base em seu conhecimento dos textos confucionistas. Isso incentivou a criação de academias dedicadas ao estudo e à interpretação das obras clássicas, fortalecendo a posição da escola como guardiã da tradição literária e filosófica.

Por outro lado, a formalização do confucionismo também gerou críticas de que a escola havia se tornado rígida e dogmática. Alguns argumentavam que a ênfase excessiva nos textos clássicos havia eclipsado o espírito original de questionamento e adaptação que caracterizava os ensinamentos de Confúcio. Essas tensões internas levaram a debates que, paradoxalmente, revitalizaram a tradição ao longo dos séculos.

A Escola Confucionista também desempenhou um papel central na formação de uma elite cultural e intelectual. Os eruditos confucionistas, conhecidos como *ru*, tornaram-se figuras influentes não apenas na administração, mas também na literatura, na educação e na ética. Eles eram vistos como guardiões da moralidade e da sabedoria, responsáveis por orientar a sociedade e preservar sua coesão.

Além disso, o confucionismo começou a se espalhar para além das fronteiras da China, influenciando profundamente culturas vizinhas, como as do Japão, Coreia e Vietnã. Cada uma dessas regiões adaptou os princípios confucionistas às suas próprias tradições e necessidades, criando variações que enriqueceram a Escola Confucionista e ampliaram seu alcance global.

Ao longo dos séculos, a Escola Confucionista provou ser resiliente diante das mudanças históricas. Ela passou por períodos de declínio e revitalização, adaptando-se a novos contextos sem abandonar seus princípios fundamentais. Essa capacidade de renovação garantiu que os ensinamentos de Confúcio continuassem relevantes, oferecendo orientação em tempos de estabilidade e crise.

No centro de tudo isso está a visão original de Confúcio: a crença de que a transformação moral dos indivíduos é o alicerce para a construção de uma sociedade harmoniosa. A Escola Confucionista, com sua dedicação à educação, à ética e ao autocultivo, manteve viva essa visão, garantindo que ela continuasse a iluminar o caminho para gerações futuras.

Capítulo 8
Tradição Filosófica

O confucionismo, ao longo dos séculos, atravessou momentos de consolidação, adaptação e contestação, moldando-se às mudanças históricas sem perder sua essência. Desde sua origem como um conjunto de ensinamentos transmitidos oralmente até sua transformação em uma tradição filosófica robusta, ele se tornou um pilar central da cultura chinesa, ao mesmo tempo em que influenciou profundamente outras partes da Ásia.

Após a morte de Confúcio, seus discípulos imediatos desempenharam um papel crucial na preservação e disseminação de suas ideias. A princípio, o confucionismo era uma filosofia de caráter moral e político, com forte ênfase na virtude individual como base para a ordem social. No entanto, à medida que a tradição se expandia, ela enfrentava o desafio de responder às questões mais amplas da existência humana, incorporando elementos metafísicos e ontológicos em sua base ética.

Durante o período dos Reinos Combatentes (475–221 a.C.), o confucionismo competia com outras escolas de pensamento em um ambiente intelectual vibrante. Os taoistas ofereciam uma alternativa mística e introspectiva, enquanto os legalistas enfatizavam a centralidade do poder e das leis rígidas para manter a ordem. Nesse contexto, os pensadores confucionistas foram compelidos a refinar suas ideias e articular sua relevância de maneira mais abrangente.

Dois dos maiores responsáveis por essa expansão filosófica foram Mêncio e Xunzi. Enquanto Mêncio reforçou a dimensão moral e espiritual do confucionismo, Xunzi abordou questões pragmáticas e metodológicas, criando uma tensão produtiva dentro da tradição.

Mêncio (372–289 a.C.) argumentava que a natureza humana era inerentemente boa. Para ele, os impulsos para a bondade estavam presentes em todos, como brotos que precisavam ser cultivados para florescer. Ele introduziu uma visão mais elaborada da moralidade, conectando-a à ideia de uma ordem universal benevolente, governada pelo *Tian* (Céu). Mêncio também desenvolveu a teoria de que o governante ideal não apenas assegurava o bem-estar material de seu povo, mas também promovia seu crescimento moral.

Xunzi (310–235 a.C.), por outro lado, apresentava uma visão mais cética da natureza humana. Ele acreditava que os homens nasciam inclinados ao egoísmo e ao conflito, mas que podiam superar essas tendências por meio da educação e da disciplina. Para Xunzi, os rituais (*Li*) desempenhavam um papel indispensável nesse processo, funcionando como ferramentas para moldar o comportamento e criar ordem na sociedade. Embora sua abordagem fosse mais pragmática, ela não negava os ideais de virtude e harmonia de Confúcio; antes, buscava meios concretos para alcançá-los.

A dinastia Qin (221–206 a.C.) trouxe um período de declínio temporário para o confucionismo. Sob o regime autoritário do Primeiro Imperador, o legalismo dominou o cenário político, enquanto os textos confucionistas foram suprimidos em uma tentativa de centralizar o poder. No entanto, a repressão acabou reforçando a resiliência da tradição.

Foi durante a dinastia Han (206 a.C.–220 d.C.) que o confucionismo experimentou seu maior renascimento. O imperador Wu de Han declarou o confucionismo como filosofia oficial do Estado, integrando seus princípios à administração pública e à educação. Essa institucionalização consolidou a tradição como fundamento moral e político da China, garantindo que seus ideais moldassem a governança e a cultura por séculos.

A introdução do exame imperial foi um marco nesse processo. Baseado no estudo dos textos confucionistas, ele permitia que indivíduos demonstrassem mérito e virtude para alcançar posições de autoridade. Isso reforçou a ideia central do confucionismo de que a liderança deve ser baseada na competência moral, não no privilégio de nascimento.

Com o tempo, o confucionismo continuou a evoluir, interagindo com outras tradições filosóficas e religiosas. Durante a dinastia Tang (618–907), por exemplo, o budismo entrou em cena como uma força significativa na China, desafiando o confucionismo a abordar questões de natureza mais espiritual. Enquanto o budismo enfatizava a libertação individual e transcendental, o confucionismo permaneceu enraizado em questões éticas e sociais, mas começou a incorporar elementos metafísicos em resposta.

Esse movimento culminou no surgimento do neoconfucionismo durante a dinastia Song (960–1279). Sob a influência de pensadores como Zhu Xi e Wang Yangming, o confucionismo foi revitalizado, tornando-se um sistema filosófico abrangente que incluía ética, política, metafísica e epistemologia. Zhu Xi, em particular, reinterpretou os textos clássicos e organizou o currículo que seria a base dos exames imperiais até o final do século XIX. Ele enfatizava a investigação das coisas (*gewu*) e a meditação como caminhos para o entendimento moral.

Wang Yangming, por sua vez, desafiou a ortodoxia de Zhu Xi ao argumentar que a verdade não precisava ser buscada externamente, mas podia ser encontrada no interior de cada indivíduo. Essa abordagem introspectiva trouxe uma nova dimensão ao confucionismo, conectando-o a questões de autoconhecimento e iluminação pessoal.

Ao longo de sua evolução, o confucionismo também se adaptou às mudanças políticas e sociais. Durante períodos de invasão e colonização, ele serviu como uma fonte de identidade cultural e resistência. Na Coreia, no Japão e no Vietnã, o confucionismo foi adotado e modificado para se adequar às tradições locais, criando variações regionais que enriqueceram seu legado global.

No entanto, o confucionismo não permaneceu imune às críticas e desafios da modernidade. Durante o final do século XIX e o início do século XX, a China enfrentou crises políticas e sociais que levaram muitos a questionar a relevância dos valores confucionistas. A ascensão do comunismo na China trouxe um período de repressão ao confucionismo, que foi rotulado como uma ideologia feudal.

Apesar disso, a tradição filosófica demonstrou sua resiliência. No final do século XX e início do século XXI, o confucionismo ressurgiu como uma fonte de inspiração para questões contemporâneas, incluindo ética empresarial, governança e sustentabilidade. Sua ênfase na harmonia, na responsabilidade social e na liderança virtuosa continua a oferecer perspectivas valiosas em um mundo cada vez mais interconectado.

A tradição filosófica confucionista, com sua capacidade de adaptação e renovação, transcende seu tempo e espaço de origem. Ela permanece como um testemunho do poder das ideias de Confúcio, que, embora enraizadas em um contexto histórico específico, tocam questões universais da condição humana. Ao longo dos séculos, o confucionismo evoluiu sem perder de vista sua visão central: a de que a transformação moral do indivíduo é a base para a construção de uma sociedade harmoniosa e justa.

Capítulo 9
Virtude Essencial

O conceito de *Dé* (virtude) é o alicerce central sobre o qual o confucionismo constrói sua visão de uma vida moralmente exemplar e de uma sociedade harmoniosa. Mais do que uma simples qualidade pessoal, *Dé* representa uma força moral que guia o comportamento humano e, por extensão, o curso das interações sociais e políticas.

No pensamento confucionista, a virtude não é inata, mas algo a ser cultivado por meio do esforço consciente e da prática constante. Confúcio ensinava que a virtude era a expressão mais elevada do potencial humano e que seu desenvolvimento deveria ser o objetivo primordial de cada indivíduo. Esse processo começa com o autocultivo, que é tanto uma jornada interior quanto uma responsabilidade social. O *Dé* não apenas transforma o caráter de quem o pratica, mas também serve como uma força inspiradora que irradia para aqueles ao redor, influenciando positivamente a comunidade.

Confúcio frequentemente associava a virtude à liderança. Para ele, um líder verdadeiramente virtuoso não precisava recorrer à força ou ao medo para governar. Em vez disso, sua conduta exemplar atraía o respeito e a lealdade espontânea do povo. Essa ideia está encapsulada na metáfora da estrela polar, que permanece imóvel enquanto as outras estrelas orbitam ao seu redor. Assim, a virtude de um governante estabelecia a base para a estabilidade e a harmonia política.

O poder transformador do *Dé* não era limitado aos governantes. Confúcio acreditava que cada indivíduo, independentemente de sua posição social, tinha a capacidade de desenvolver e exercer a virtude. Essa visão democrática do potencial humano refletia a ênfase do confucionismo no mérito em vez da hereditariedade. Por meio do cultivo da virtude, qualquer pessoa poderia tornar-se um *Junzi*—um "homem superior" que servia de exemplo para os outros.

O *Dé* também era intrinsecamente ligado aos outros conceitos centrais do confucionismo, como *Ren* (humanidade), *Yi* (justiça) e *Li* (rituais). A virtude era a força que harmonizava esses elementos, permitindo que fossem aplicados de forma consistente e eficaz. Por exemplo, a prática do *Ren* dependia de uma base sólida de virtude, enquanto os rituais (*Li*) forneciam o contexto em que a virtude podia ser expressa.

Ao discutir o *Dé*, Confúcio frequentemente enfatizava a importância da introspecção e da autocrítica. Ele dizia que, ao final de cada dia, o indivíduo deveria refletir sobre suas ações: "Eu cumpri meus deveres? Fui sincero em minhas palavras? Tratei os outros com respeito?" Esse exercício diário de autoavaliação era fundamental para o cultivo da virtude, pois ajudava a identificar falhas e reforçava o compromisso com a excelência moral.

O impacto do *Dé* na sociedade vai além do indivíduo. Confúcio acreditava que a virtude era a base para relações humanas justas e harmoniosas. Ele defendia que cada pessoa deveria desempenhar seu papel na família e na sociedade com integridade e responsabilidade. Quando a virtude era praticada por todos, dizia ele, a sociedade se tornava um reflexo da ordem cósmica, onde cada elemento funcionava em harmonia com o todo.

Um aspecto notável do *Dé* é sua conexão com o conceito de *Tian* (Céu). No confucionismo, o Céu é visto como uma ordem moral universal, e a virtude é a expressão humana dessa ordem. Um indivíduo virtuoso está, portanto, em alinhamento com o Céu, vivendo de acordo com os princípios que governam o cosmos. Essa conexão transcendente dá ao *Dé* uma dimensão espiritual, elevando-o de uma qualidade meramente ética para um ideal cósmico.

Além disso, a virtude confucionista não é estática; ela deve ser continuamente cultivada e demonstrada em ações concretas. Confúcio rejeitava a ideia de virtude como algo teórico ou abstrato. Para ele, a verdadeira virtude era aquela que se manifestava em interações cotidianas, desde os pequenos gestos de bondade até as decisões de grande impacto na vida comunitária ou política. Essa ênfase na aplicação prática do *Dé* reforça sua relevância como um guia para a vida em todos os níveis.

A filosofia de Confúcio também reconhece os desafios inerentes ao cultivo da virtude. O autocultivo exige disciplina, paciência e uma disposição para enfrentar as próprias falhas. Confúcio ensinava que o caminho para a virtude não era fácil, mas que era precisamente esse esforço que conferia significado à vida. Ele encorajava seus discípulos a persistir, mesmo diante de adversidades, dizendo: "Não importa quão lentamente você vá, desde que não pare."

O impacto do *Dé* estende-se à esfera política e social. Governantes que cultivam a virtude não apenas inspiram confiança, mas também criam as condições para uma sociedade justa e próspera. Confúcio argumentava que políticas baseadas na força ou no medo eram insustentáveis, enquanto aquelas fundamentadas na virtude produziam resultados duradouros. Ele acreditava que a virtude do governante se refletia no bem-estar do povo, criando um ciclo de confiança e lealdade que fortalecia o tecido social.

O conceito de *Dé* também influenciou outras tradições filosóficas dentro e fora da China. Durante o período do neoconfucionismo, pensadores como Zhu Xi e Wang Yangming aprofundaram a compreensão da virtude, conectando-a a questões de epistemologia e metafísica. No Japão, Coreia e Vietnã, o *Dé* foi adaptado a contextos culturais e históricos locais, demonstrando sua flexibilidade e universalidade.

Mesmo nos tempos modernos, o *Dé* permanece relevante como um princípio orientador para questões éticas e sociais. Em um mundo marcado por desigualdades e conflitos, a ênfase confucionista na virtude oferece uma perspectiva valiosa para promover a responsabilidade individual e coletiva. A ideia de que a transformação começa no interior do indivíduo e se expande para a sociedade ressoa como um apelo atemporal para a construção de comunidades mais harmoniosas e compassivas.

O *Dé* não é apenas uma virtude entre outras, mas o centro gravitacional do pensamento confucionista. Ele representa a possibilidade de transcendência moral e a promessa de que, por meio do esforço e da prática, os seres humanos podem alinhar-se a algo maior do que si mesmos. Mais do que um conceito filosófico, o *Dé* é uma força viva que continua a inspirar e desafiar aqueles que buscam uma vida guiada pela ética e pela excelência.

Capítulo 10
Humanidade Verdadeira

No coração do pensamento confucionista repousa o conceito de *Ren* (humanidade ou benevolência), frequentemente descrito como a virtude suprema e a essência da conduta ética. *Ren* é mais do que um princípio moral; é a manifestação do potencial mais elevado do ser humano, a capacidade de viver em relação harmoniosa com os outros e consigo mesmo.

O significado de *Ren* transcende uma definição única, pois ele abrange um espectro de qualidades que incluem empatia, compaixão, altruísmo e amor ao próximo. Para Confúcio, *Ren* não era apenas uma virtude a ser admirada, mas uma prática diária que permeava todas as interações humanas. Ele via a humanidade como a base de todas as outras virtudes, o núcleo a partir do qual justiça (*Yi*), propriedade ritual (*Li*) e sabedoria (*Zhi*) podiam ser cultivadas e manifestadas.

Confúcio descrevia *Ren* como o ato de "amar as pessoas". Essa expressão simples, mas poderosa, encapsula a ideia de que a verdadeira humanidade se revela na capacidade de se importar genuinamente com o bem-estar dos outros. No entanto, *Ren* não é um amor indiscriminado ou passivo; ele é guiado por princípios éticos que asseguram que esse cuidado seja justo e apropriado em cada contexto.

A prática de *Ren* começa na esfera mais íntima: a família. Confúcio acreditava que a relação entre pais e filhos era o alicerce da moralidade. A *piedade filial* (*Xiao*), ou o respeito e devoção aos pais, era a expressão mais imediata de *Ren*. Essa virtude, quando cultivada dentro da família, se expandia para abranger a comunidade, a sociedade e, finalmente, a humanidade como um todo. A partir desse modelo, Confúcio articulava uma visão de mundo onde as relações humanas eram tecidas em uma rede de interdependência e cuidado mútuo.

Ren também se manifesta no princípio da reciprocidade, um dos pilares éticos do confucionismo. Confúcio formulou essa ideia de maneira clara: "Não faça aos outros o que você não deseja para si mesmo." Este ensinamento, encontrado nos *Analetos*, não é apenas uma regra de conduta, mas uma orientação para a vida que destaca a importância da empatia e da consideração pelos sentimentos e necessidades alheias.

No entanto, *Ren* não é uma virtude fácil de alcançar. Confúcio reconhecia que a prática da humanidade exigia disciplina, autoconsciência e um esforço constante para superar o egoísmo e as paixões desordenadas. Ele dizia que *Ren* era o ideal pelo qual todos deviam aspirar, mesmo que poucos o alcançassem plenamente. Essa visão não era uma admissão de derrota, mas um incentivo para que cada pessoa se dedicasse ao aprimoramento contínuo.

A aplicação de *Ren* não se limita às relações interpessoais; ela também é fundamental para a liderança e a governança. Confúcio argumentava que um governante verdadeiramente humano inspirava seu povo por meio de sua virtude, não pela força ou pelo medo. Um líder que praticava *Ren* demonstrava compaixão e empatia, criando uma atmosfera de confiança e lealdade que fortalecia a harmonia social. Essa visão ideal de liderança está sintetizada na máxima confucionista de que "governar é corrigir", ou seja, alinhar as ações do governante com os princípios de justiça e humanidade.

O conceito de *Ren* também reflete uma visão profundamente otimista da natureza humana. Confúcio acreditava que todos os seres humanos têm o potencial de praticar a humanidade, desde que estejam dispostos a se engajar no processo de autocultivo. Ele via *Ren* como um estado dinâmico, que se expandia e aprofundava com a experiência e a reflexão. Essa visão contrasta com abordagens mais rígidas da moralidade, oferecendo uma perspectiva inclusiva e progressiva sobre o desenvolvimento humano.

Embora *Ren* seja universal em sua essência, sua aplicação exige discernimento e sensibilidade ao contexto. Confúcio ensinava que a verdadeira humanidade requer sabedoria para equilibrar compaixão e justiça. Ele reconhecia que a busca por *Ren* às vezes envolvia dilemas éticos complexos, onde diferentes virtudes precisavam ser pesadas e reconciliadas. Essa ênfase na flexibilidade e no julgamento ético torna o conceito de *Ren* altamente relevante em situações práticas.

Nos textos clássicos, *Ren* aparece como uma força transformadora, capaz de unir indivíduos e comunidades em torno de valores compartilhados. Os discípulos de Confúcio frequentemente perguntavam como poderiam praticar *Ren* em suas vidas. Sua resposta era geralmente simples, mas carregada de significado: "Seja respeitoso em sua conduta, diligente em suas ações e leal em seus relacionamentos." Esses conselhos refletem a crença de Confúcio de que a humanidade é construída nos detalhes da vida cotidiana.

O impacto de *Ren* não se limita à esfera pessoal ou comunitária; ele tem implicações cósmicas. No confucionismo, o ideal de humanidade está intrinsecamente ligado ao conceito de *Tian* (Céu). Praticar *Ren* é alinhar-se à ordem moral do universo, vivendo de acordo com os princípios que sustentam a harmonia cósmica. Essa conexão confere ao conceito de *Ren* uma dimensão espiritual, elevando-o de um ideal ético para uma visão de vida profundamente integrada.

Historicamente, o conceito de *Ren* influenciou não apenas a China, mas também outras culturas que adotaram e adaptaram o confucionismo. No Japão, por exemplo, o ideal de *Ren* foi incorporado aos valores do bushido, o código dos samurais. Na Coreia, ele moldou a ética das relações familiares e comunitárias, enquanto no Vietnã se tornou parte da base cultural que regulava a vida pública e privada. Essa capacidade de adaptação reflete a universalidade do conceito, que continua a ressoar em diferentes contextos.

Em um mundo moderno marcado por divisões e desafios globais, o *Ren* oferece uma perspectiva poderosa para promover o entendimento mútuo e a cooperação. Sua ênfase na empatia e na reciprocidade destaca a importância de construir pontes em vez de muros, buscando soluções que beneficiem não apenas indivíduos, mas comunidades inteiras.

Em última análise, *Ren* é o ideal que eleva o ser humano ao seu potencial mais pleno. Ele representa a capacidade de transcender interesses egoístas e viver de forma conectada com os outros e com o universo. Para Confúcio, a humanidade não é apenas um traço de caráter; é uma forma de existência, um compromisso com a virtude que dá significado à vida e transforma o mundo. Essa visão permanece tão inspiradora hoje quanto foi há mais de dois milênios, oferecendo um caminho para aqueles que buscam construir um mundo mais compassivo e harmonioso.

Capítulo 11
Justiça Natural

A justiça, no confucionismo, é mais do que uma questão de regras ou de julgamento; ela é uma virtude profunda, chamada *Yi*, que nasce da capacidade de discernir o que é moralmente correto e agir com integridade. Não é apenas um código externo, mas uma força interna que guia as decisões e sustenta a retidão em cada aspecto da vida.

Yi é frequentemente descrita como a bússola moral que orienta as ações humanas para o bem. No entanto, ela não é baseada em ganhos ou recompensas materiais; pelo contrário, está enraizada no compromisso com a moralidade, mesmo quando isso exige sacrifício pessoal. Para Confúcio, o verdadeiro teste de *Yi* ocorre nas situações mais desafiadoras, quando seguir o caminho da justiça significa enfrentar adversidades ou renunciar a benefícios imediatos.

A prática de *Yi* começa no indivíduo, mas seus efeitos reverberam na sociedade. Para Confúcio, a justiça era a base para todas as relações humanas e para a estabilidade social. Ele acreditava que um mundo justo surgia quando cada pessoa agia de acordo com princípios éticos, respeitando os deveres e responsabilidades inerentes às suas posições. Isso incluía desde o governante, que devia liderar com virtude, até o camponês, que devia trabalhar com honestidade e dedicação.

No entanto, *Yi* não é uma virtude rígida ou dogmática. Confúcio ensinava que a verdadeira justiça exige sensibilidade ao contexto e a capacidade de equilibrar princípios conflitantes. Ele advertia contra a aplicação cega de regras, enfatizando a importância do julgamento ético para determinar o que é correto em cada situação. Essa flexibilidade torna *Yi* uma virtude viva e dinâmica, capaz de se adaptar às complexidades da vida humana.

Um exemplo clássico de *Yi* está nos textos confucionistas, onde um discípulo pergunta a Confúcio sobre a lealdade familiar versus a obediência às leis. Confúcio responde que, em certos casos, a justiça pode exigir que se proteja a família, desde que isso seja feito sem comprometer o bem maior. Essa resposta reflete a visão confucionista de que *Yi* não pode ser reduzida a uma fórmula; ela requer sabedoria e reflexão para ser aplicada corretamente.

No governo, *Yi* assume uma importância ainda maior. Para Confúcio, a justiça era a base da legitimidade do poder. Ele acreditava que um governante justo inspirava confiança e lealdade em seu povo, criando uma sociedade estável e próspera. Um líder que agisse com *Yi* colocaria o bem-estar de seus súditos acima de seus interesses pessoais, demonstrando sua dedicação à moralidade e à harmonia social.

Essa visão de liderança está em nítido contraste com as ideias legalistas da época, que enfatizavam o uso de leis e punições para controlar a sociedade. Enquanto os legalistas viam a justiça como uma questão de conformidade com as regras, Confúcio via *Yi* como um princípio que transcendia as leis. Ele acreditava que as leis eram necessárias, mas que sua eficácia dependia da virtude daqueles que as aplicavam.

Outro aspecto fascinante de *Yi* é sua interação com outras virtudes confucionistas, como *Ren* (humanidade) e *Li* (ritual). A justiça, para Confúcio, não era separada da benevolência; pelo contrário, ela era uma expressão prática de *Ren*. Um ato justo, realizado com humanidade, não apenas corrigia um erro ou resolvia um conflito, mas também fortalecia os laços sociais e promovia a harmonia.

Os rituais (*Li*) também desempenhavam um papel crucial na prática de *Yi*. Confúcio via os rituais como ferramentas para orientar as ações humanas de maneira justa e apropriada. Ao seguir os rituais, as pessoas aprendiam a respeitar os outros e a agir com consideração, incorporando a justiça em suas vidas diárias. No entanto, ele alertava que os rituais, por si só, não garantiam a justiça; eles precisavam ser guiados por um senso interno de *Yi*.

A tradição confucionista posterior expandiu ainda mais o conceito de *Yi*. Mêncio, por exemplo, destacou a importância da justiça na governança, argumentando que o poder legítimo só podia ser exercido em benefício do povo. Ele condenava os governantes que exploravam ou negligenciavam seus súditos, afirmando que a justiça era a única base para a autoridade política.

Xunzi, por outro lado, trouxe uma perspectiva mais pragmática, enfatizando a necessidade de educação e disciplina para cultivar a justiça. Ele acreditava que os humanos não nasciam com um senso inato de *Yi*, mas que podiam desenvolvê-lo por meio da prática e do aprendizado. Essa abordagem destacou o papel das instituições e dos rituais na formação de uma sociedade justa.

A relevância de *Yi* vai além da filosofia clássica. Em um mundo moderno, onde questões de ética e justiça continuam a desafiar indivíduos e sociedades, o conceito confucionista de justiça oferece uma perspectiva valiosa. Ele nos lembra que a justiça não é apenas uma questão de seguir regras, mas de agir com integridade, equilíbrio e sensibilidade ao contexto.

Além disso, *Yi* desafia a noção de que a justiça deve ser orientada pelo interesse próprio ou pelas recompensas. Ele nos convida a considerar o bem maior e a agir de acordo com princípios éticos, mesmo quando isso exige sacrifícios. Essa visão de justiça como um ideal moral e social ressoa profundamente em tempos de desigualdade e polarização.

No confucionismo, *Yi* não é apenas uma virtude entre outras; é a força que mantém a ordem moral e social. É a capacidade de discernir o certo do errado e de agir com coragem e convicção, mesmo diante de desafios. É a base para relações humanas justas e para a governança ética. E, acima de tudo, é uma expressão da capacidade humana de buscar a excelência moral e contribuir para a harmonia do mundo.

A justiça natural, como entendida por Confúcio, é um convite para que cada indivíduo e cada sociedade reflitam sobre suas ações e escolhas. É um lembrete de que, ao cultivar a virtude da justiça, não apenas moldamos nossas próprias vidas, mas também contribuímos para um mundo mais justo e harmonioso.

Capítulo 12
Rituais Sagrados

Os rituais, conhecidos como *Li* no confucionismo, são mais do que meras formalidades ou tradições culturais; são expressões tangíveis da ordem moral que sustenta a harmonia entre o indivíduo, a sociedade e o cosmos.

Para Confúcio, os rituais eram um pilar central de sua filosofia. Ele via no *Li* um meio de cultivar a virtude e criar uma ordem estável em tempos de caos. Embora os rituais incluíssem cerimônias religiosas e ancestrais, seu alcance ia muito além disso. O *Li* abarcava normas de comportamento para a vida cotidiana, desde a etiqueta em interações pessoais até os protocolos que regulavam as ações dos governantes.

O poder transformador dos rituais reside em sua capacidade de conectar o interno ao externo. Confúcio ensinava que o *Li* não era apenas uma exibição externa de decoro, mas uma manifestação da virtude interior. Quando realizados com sinceridade e intenção, os rituais moldavam o caráter, promovendo qualidades como respeito, humildade e disciplina. Esse alinhamento entre o comportamento externo e os valores internos era essencial para o desenvolvimento do *Junzi*, o ideal confucionista de um "homem superior".

Os rituais também desempenham um papel crucial na promoção da harmonia social. Para Confúcio, a sociedade era como uma grande família, e os rituais eram os elos que mantinham essa família unida. Eles estabeleciam padrões claros de conduta, ajudando a definir os papéis e responsabilidades de cada pessoa. Ao seguir os rituais, os indivíduos aprendiam a respeitar a hierarquia e a interdependência que sustentavam a ordem social.

Um exemplo disso está nos rituais familiares, especialmente aqueles relacionados ao culto aos ancestrais. Esses rituais não eram apenas atos de reverência, mas expressões de gratidão e continuidade. Honrar os antepassados reforçava a noção de que cada geração estava conectada às anteriores, carregando tanto suas bênçãos quanto suas responsabilidades. Para Confúcio, essa prática era uma forma de manter viva a moralidade e a sabedoria acumuladas ao longo do tempo.

No entanto, os rituais não eram vistos como imutáveis ou puramente mecânicos. Confúcio alertava que os rituais realizados sem sinceridade perdiam seu valor. Ele enfatizava que o *Li* deveria ser praticado com intenção genuína e respeito, pois apenas assim poderia cumprir sua função de cultivar a virtude e fortalecer os laços sociais. "O ritual sem reverência", dizia ele, "é como uma árvore sem raízes."

Outro aspecto fascinante do *Li* é sua conexão com o conceito de ordem universal. Para Confúcio, os rituais não apenas refletiam as normas humanas, mas também expressavam a harmonia do cosmos. Ao alinhar suas ações com os princípios rituais, os indivíduos estavam, na verdade, participando de uma ordem maior, conectando o mundo humano ao celestial. Isso conferia ao *Li* uma dimensão espiritual, elevando-o de uma prática cultural para um ideal cósmico.

Na esfera política, os rituais desempenhavam um papel fundamental na legitimação do poder. Os governantes eram esperados não apenas para cumprir os rituais, mas para personificar sua essência. A realização de cerimônias públicas, como sacrifícios ao Céu (*Tian*) ou celebrações de eventos cívicos, era uma forma de demonstrar que o governante estava alinhado com a ordem moral e cósmica. Quando realizado corretamente, o *Li* inspirava confiança e lealdade no povo, fortalecendo a coesão social.

O impacto do *Li* também pode ser visto na educação confucionista. Os rituais eram ensinados como parte integrante do processo de aprendizado, desde a infância até a maturidade. Confúcio acreditava que, ao praticar os rituais, os estudantes não apenas adquiriam habilidades sociais, mas também desenvolviam virtudes como paciência, autocontrole e respeito pelos outros. Essa ênfase na educação ritualística refletia a visão confucionista de que a moralidade não era inata, mas algo a ser cultivado ao longo da vida.

Além disso, o *Li* oferecia um modelo de resolução de conflitos. Em vez de depender de leis ou punições, o confucionismo incentivava a aplicação de rituais para restaurar a harmonia em situações de desentendimento. Através de gestos simbólicos e atos de reconciliação, os rituais permitiam que as partes envolvidas reafirmassem seus compromissos mútuos e reconstruíssem a confiança.

O papel do *Li* na sociedade confucionista não se limitava a contextos formais ou cerimoniais. Ele permeava as interações diárias, desde cumprimentos até expressões de gratidão. Para Confúcio, até mesmo os atos mais simples podiam ser realizados com um senso de ritual, transformando o cotidiano em uma oportunidade de cultivar a virtude e reforçar a harmonia social.

Com o tempo, o significado dos rituais foi reinterpretado e adaptado às mudanças históricas e culturais. Durante a dinastia Han, por exemplo, os rituais foram integrados ao sistema educacional e à governança estatal, consolidando sua importância como fundamentos da sociedade chinesa. Já no período do neoconfucionismo, pensadores como Zhu Xi reexaminaram os rituais, enfatizando sua dimensão ética e espiritual.

Mesmo nos dias atuais, o *Li* continua a oferecer insights valiosos sobre como construir comunidades harmoniosas e promover interações significativas. Em um mundo muitas vezes fragmentado por conflitos e individualismo, a ênfase confucionista nos rituais nos lembra da importância de valores como respeito, reciprocidade e conexão.

O *Li* não é apenas uma prática cultural; é uma filosofia viva que conecta o passado, o presente e o futuro. Ele nos desafia a ver além da superfície das ações e a reconhecer a profundidade das intenções que as sustentam. Ao incorporar o *Li* em nossas vidas, não apenas preservamos uma tradição ancestral, mas também nos aproximamos do ideal confucionista de uma vida marcada pela virtude e pela harmonia.

Rituais sagrados, no pensamento confucionista, são muito mais do que gestos; são atos de transformação. Eles moldam indivíduos, constroem comunidades e conectam a humanidade ao cosmos. São uma expressão da crença de Confúcio de que a ordem moral e social é alcançada não apenas por meio de palavras, mas por meio de ações que refletem os princípios mais elevados da virtude. E assim, cada ritual, quando realizado com reverência e intenção, torna-se um elo entre o humano e o divino, entre o presente e a eternidade.

Capítulo 13
Sabedoria Prática

No confucionismo, a sabedoria, ou *Zhi*, é uma virtude que transcende o simples acúmulo de conhecimento. Ela representa a capacidade de discernir, decidir e agir em conformidade com os princípios éticos e com a realidade da vida cotidiana. *Zhi* não é um fim em si mesma, mas um caminho para alinhar o pensamento e a ação, promovendo a harmonia entre o indivíduo, a sociedade e o cosmos.

Confúcio via a sabedoria como uma qualidade acessível a todos, mas que exigia esforço contínuo para ser desenvolvida. Ele não considerava *Zhi* como algo inato ou reservado a poucos iluminados, mas como uma virtude que podia ser cultivada por meio do estudo, da reflexão e da experiência. Para Confúcio, a verdadeira sabedoria não residia apenas na capacidade intelectual, mas na integração harmoniosa de conhecimento, virtude e ação.

Um dos ensinamentos mais marcantes de Confúcio sobre a sabedoria é sua ênfase na importância do autoconhecimento. Ele dizia: "Saber o que você sabe e saber o que você não sabe, isso é sabedoria." Este ensinamento reflete a ideia de que a sabedoria começa com a honestidade em relação às próprias limitações e ao compromisso de buscar aprendizado onde há lacunas. Esse reconhecimento de si mesmo é o alicerce sobre o qual todas as outras formas de sabedoria são construídas.

A prática de *Zhi* envolve uma interação constante entre teoria e ação. Confúcio acreditava que o conhecimento teórico, embora importante, era insuficiente se não fosse aplicado de maneira prática e ética. Ele frequentemente destacava que o verdadeiro aprendizado só se concretizava quando o conhecimento era transformado em ação virtuosa. Essa ênfase na prática reflete o pragmatismo do confucionismo, que busca soluções reais para os desafios da vida, em vez de se perder em abstrações.

Outro aspecto fundamental de *Zhi* é sua relação com a tomada de decisões. A sabedoria prática requer a habilidade de avaliar situações complexas e escolher o curso de ação mais apropriado, considerando tanto os princípios éticos quanto as circunstâncias específicas. Para Confúcio, a sabedoria não era rígida nem dogmática; ela exigia flexibilidade, discernimento e sensibilidade ao contexto.

Nos *Analetos*, Confúcio frequentemente enfatiza a conexão entre sabedoria e virtude. Ele descreve o *Junzi*—o "homem superior"—como alguém que une *Zhi* a *Ren* (humanidade) e *Yi* (justiça), usando sua sabedoria para promover o bem maior. Essa visão contrasta com o *Xiaoren*, o "homem pequeno", que pode ter conhecimento, mas carece de virtude e, portanto, usa sua inteligência de maneira egoísta ou destrutiva.

O cultivo da sabedoria prática também está intrinsecamente ligado ao estudo contínuo. Confúcio via o aprendizado como um processo vitalício, uma jornada que nunca termina. Ele acreditava que o estudo dos textos clássicos, combinado com a observação da natureza e da sociedade, era essencial para refinar o entendimento e desenvolver a sabedoria. No entanto, ele também enfatizava que o aprendizado deveria ser ativo e crítico, não uma absorção passiva de informações.

Um dos métodos propostos por Confúcio para cultivar *Zhi* é a reflexão. Ele dizia: "Aprender sem pensar é inútil. Pensar sem aprender é perigoso." Essa frase encapsula a visão confucionista de que a sabedoria surge da interação entre a experiência e a análise. A reflexão permite que o indivíduo não apenas compreenda o que aprendeu, mas também identifique como aplicar esse conhecimento em sua vida e em suas relações.

Além da reflexão individual, Confúcio destacava o valor do aprendizado coletivo. Ele incentivava o diálogo e o intercâmbio de ideias como meios de ampliar a compreensão e enriquecer a sabedoria. Essa abordagem colaborativa reflete a crença confucionista na interconexão entre as pessoas e na importância de compartilhar o conhecimento para o benefício mútuo.

Na esfera política, *Zhi* desempenha um papel crucial na liderança ética. Confúcio acreditava que um governante sábio era aquele que compreendia as necessidades de seu povo e sabia equilibrar a compaixão com a justiça. Ele via a sabedoria como a qualidade que permitia ao líder tomar decisões ponderadas, que respeitassem tanto os princípios morais quanto as realidades práticas.

Um exemplo histórico da aplicação de *Zhi* está na figura de Mêncio, que usou sua sabedoria para aconselhar governantes e promover reformas sociais. Ele argumentava que a verdadeira liderança exigia uma combinação de inteligência, virtude e empatia, e que decisões sábias eram aquelas que beneficiavam o povo e preservavam a harmonia social.

A sabedoria prática também se manifesta na vida cotidiana, onde é aplicada para resolver conflitos, fortalecer relacionamentos e tomar decisões éticas. Confúcio ensinava que mesmo os desafios mais simples podiam ser oportunidades para praticar *Zhi*. Ele via a sabedoria como algo que permeava todos os aspectos da vida, desde os grandes atos de governança até as pequenas interações do dia a dia.

No confucionismo, a sabedoria não é apenas um ideal individual; ela tem implicações profundas para a sociedade como um todo. Quando cultivada em larga escala, *Zhi* cria uma comunidade de indivíduos que agem com discernimento e integridade, promovendo a harmonia coletiva. Essa visão destaca a interdependência entre a sabedoria individual e o bem-estar social, reforçando a ideia de que o autocultivo é uma responsabilidade tanto pessoal quanto comunitária.

Mesmo em tempos modernos, o conceito confucionista de sabedoria prática continua relevante. Em um mundo repleto de informações e desafios complexos, *Zhi* oferece um modelo de como transformar conhecimento em ação ética e eficaz. Ele nos lembra que a sabedoria não está apenas em saber, mas em fazer, e que o verdadeiro aprendizado é aquele que resulta em uma vida mais harmoniosa e virtuosa.

A sabedoria prática, no confucionismo, é um convite à transformação. Ela nos desafia a buscar continuamente o conhecimento, a refletir sobre nossas experiências e a agir de maneira que reflita nossos valores mais elevados. Ao cultivar *Zhi*, não apenas nos tornamos indivíduos mais completos, mas também contribuímos para a construção de uma sociedade mais justa e equilibrada. É um caminho que exige esforço, mas que oferece, em troca, a possibilidade de viver em harmonia consigo mesmo, com os outros e com o mundo.

Capítulo 14
Confiança Mútua

No confucionismo, a confiança, ou *Xin*, é a base sobre a qual todas as relações humanas, sociais e políticas devem ser construídas. Diferentemente de um contrato formal ou de uma obrigação imposta externamente, *Xin* emerge como uma virtude moral que exige consistência, sinceridade e integridade.

Xin pode ser traduzido como "fidelidade" ou "confiança", mas seu significado é mais profundo do que essas palavras sugerem. Para Confúcio, *Xin* era a qualidade que tornava as palavras e ações de uma pessoa confiáveis, alinhadas a princípios éticos e a compromissos assumidos. Era uma virtude que unia intenção e ação, garantindo que o que fosse dito ou prometido seria honrado. Assim, *Xin* não era apenas uma questão de cumprir obrigações, mas de cultivar uma reputação de integridade que inspirasse confiança nos outros.

Confúcio frequentemente associava *Xin* à liderança. Ele ensinava que um governante sem confiança de seu povo estava destinado ao fracasso, independentemente de sua autoridade ou poder militar. Nos *Analetos*, ele dizia: "Se as pessoas não confiam em seu líder, a nação não pode se sustentar." Essa máxima reflete a visão de que a confiança é a pedra angular da governança. Sem ela, as estruturas políticas e sociais tornam-se frágeis, e a harmonia que o confucionismo busca alcançar é perdida.

A prática de *Xin* começa no nível individual, mas seus efeitos se estendem a todos os aspectos da vida em sociedade. Confúcio acreditava que a confiança era cultivada por meio de pequenos atos de sinceridade e consistência. Ele enfatizava que uma pessoa virtuosa deveria ser fiel em suas palavras e ações, mesmo quando isso não fosse imediatamente recompensador. Esse compromisso com a honestidade criava uma base sólida para relacionamentos baseados na confiança mútua.

Na família, *Xin* era visto como um componente essencial da *piedade filial* (*Xiao*). A confiança entre pais e filhos, irmãos e outros membros da família não era apenas uma questão de afeto, mas de responsabilidade mútua. Quando cada membro da família cumpria suas obrigações com sinceridade, a confiança se fortalecia, criando um ambiente de apoio e harmonia que servia como modelo para a sociedade em geral.

No entanto, Confúcio também alertava contra os perigos de um falso senso de confiança. Ele condenava aqueles que usavam palavras vazias ou promessas enganosas para manipular os outros. Para ele, *Xin* era inseparável de outras virtudes, como *Ren* (humanidade) e *Yi* (justiça), e só podia florescer em um caráter genuinamente virtuoso. Uma pessoa desprovida dessas qualidades, mesmo que parecesse confiável superficialmente, inevitavelmente minaria a confiança com o tempo.

Na esfera pública, a confiança era essencial para a manutenção da ordem social. Confúcio acreditava que o respeito pelas leis e pelos costumes só podia ser garantido quando as pessoas confiavam nas intenções e na integridade de seus líderes. Um governo que agisse de maneira ética e transparente, honrando seus compromissos e tratando o povo com justiça, inspirava lealdade e cooperação. Por outro lado, a corrupção e a hipocrisia destruíam a confiança, levando ao caos e à desordem.

Um exemplo histórico da aplicação de *Xin* pode ser encontrado no período dos Estados Combatentes, quando líderes regionais buscavam estratégias para unificar e estabilizar seus territórios. Governantes que cultivaram a confiança de seus súditos, demonstrando consistência em suas políticas e empatia pelas necessidades do povo, tiveram mais sucesso em alcançar a paz e a prosperidade do que aqueles que governaram pela força ou pelo medo.

O conceito de *Xin* também está profundamente ligado ao ideal confucionista de autocultivo. Para Confúcio, a confiança não era algo que se exigia dos outros, mas algo que se conquistava por meio da prática pessoal de virtudes. Ele ensinava que o autocontrole, a humildade e a reflexão eram ferramentas indispensáveis para cultivar *Xin*. Assim, a confiança era tanto uma qualidade interna quanto um vínculo social, construída a partir de dentro e projetada para fora.

Além de seu impacto nas relações humanas, *Xin* tem implicações cósmicas no confucionismo. A confiança é vista como um reflexo da ordem moral universal (*Tian*), onde cada elemento do cosmos opera em harmonia com os outros. Quando as pessoas agem com *Xin*, elas se alinham a essa ordem maior, promovendo a estabilidade e a prosperidade em todas as esferas da existência.

No contexto moderno, o conceito de *Xin* oferece lições valiosas para a construção de confiança em comunidades, organizações e governos. Ele nos lembra que a confiança não pode ser imposta ou simulada; ela deve ser cultivada por meio de ações consistentes e de um compromisso genuíno com a ética. Em um mundo onde a desconfiança frequentemente prevalece, a ênfase confucionista na integridade e na sinceridade continua a ser um guia poderoso para a restauração de laços de confiança.

A aplicação de *Xin* na vida cotidiana também é um tema recorrente nos ensinamentos de Confúcio. Ele encorajava seus discípulos a praticarem a confiança em pequenos atos, como cumprir promessas ou falar a verdade, mesmo em situações aparentemente triviais. Essa atenção aos detalhes era vista como um reflexo do caráter moral e um treinamento para desafios maiores.

Os pensadores confucionistas posteriores, como Mêncio e Zhu Xi, expandiram a compreensão de *Xin*, enfatizando sua importância na educação e no desenvolvimento moral. Para eles, ensinar *Xin* às gerações mais jovens era essencial para garantir que os princípios confucionistas fossem preservados e transmitidos. Eles também reconheceram que a confiança era um elemento-chave para resolver conflitos e promover a cooperação em tempos de mudança.

O conceito de *Xin* também encontrou ressonância em outras tradições culturais e filosóficas influenciadas pelo confucionismo, como no Japão, na Coreia e no Vietnã. Em cada um desses contextos, a confiança foi adaptada para refletir as necessidades e os valores locais, mas sua essência permaneceu a mesma: um compromisso com a integridade e a sinceridade como bases para todas as interações humanas.

No confucionismo, *Xin* não é apenas uma virtude, mas a fundação de uma vida ética e de uma sociedade harmoniosa. Ele nos desafia a sermos fiéis às nossas palavras e ações, a honrarmos nossos compromissos e a vivermos de maneira que inspire confiança nos outros. Em um mundo onde a confiança é frequentemente quebrada, o ideal confucionista de *Xin* permanece um lembrete poderoso do que é possível alcançar quando vivemos com integridade.

Confiança mútua, no pensamento de Confúcio, é tanto uma meta quanto um caminho. Ela nos convida a construir laços genuínos com os outros, baseados em respeito e consistência, e a criar uma sociedade onde as palavras têm peso e os atos têm valor. É uma virtude que transcende o tempo e o espaço, conectando-nos a uma visão de vida marcada pela autenticidade, pela justiça e pela harmonia.

Capítulo 15
Harmonia Universal

A harmonia, ou *He*, ocupa uma posição central no pensamento confucionista, sendo o ideal que orienta todas as virtudes e relações. Para Confúcio, a harmonia não é apenas a ausência de conflito, mas um estado dinâmico de equilíbrio, onde diferentes forças, interesses e elementos coexistem e se complementam.

He é mais do que uma ideia abstrata; é um princípio que se manifesta em todos os níveis da existência. Na vida pessoal, a harmonia é alcançada quando as emoções, os pensamentos e as ações estão alinhados com os princípios éticos. Na família, *He* surge do respeito mútuo e da prática das responsabilidades compartilhadas. Na sociedade, a harmonia reflete a coexistência equilibrada de diferentes papéis, classes e interesses, enquanto no cosmos, *He* expressa a ordem natural que governa o universo.

Confúcio via a harmonia como o objetivo final da vida ética. Ele ensinava que a virtude, os rituais e a justiça eram instrumentos para alcançar *He*. Em seus ensinamentos, a harmonia era o resultado de um esforço consciente para alinhar as ações humanas com as leis morais e naturais. Isso implicava não apenas viver de acordo com os valores confucionistas, mas também adaptar-se às circunstâncias específicas de cada situação, mantendo sempre o equilíbrio e a integridade.

Nos *Analetos*, Confúcio frequentemente destacava que a harmonia não significava conformidade cega. Ele dizia: "A harmonia é preciosa, mas não deve ser buscada à custa dos princípios." Essa advertência reflete a visão confucionista de que *He* exige discernimento e julgamento. A verdadeira harmonia é construída sobre uma base de virtude e justiça, e não sobre a supressão de diferenças ou o compromisso com o que é errado.

A harmonia também está profundamente ligada ao conceito de *Li* (ritual). Para Confúcio, os rituais eram ferramentas para criar e manter *He*, regulando as interações humanas e promovendo o respeito mútuo. Cada ritual, desde os atos mais simples até as cerimônias mais elaboradas, era uma oportunidade de alinhar o comportamento humano com a ordem cósmica, contribuindo para a harmonia em todas as esferas da vida.

Na política, *He* era visto como a essência de uma governança eficaz. Confúcio acreditava que um governante virtuoso promovia a harmonia ao equilibrar as necessidades do povo com os princípios morais. Ele dizia que um líder deveria governar com benevolência (*Ren*), justiça (*Yi*) e integridade (*Xin*), criando um ambiente onde a confiança e a cooperação florescessem. Para Confúcio, a paz e a estabilidade de uma nação dependiam de sua capacidade de alcançar *He*, tanto internamente quanto em suas relações com outras nações.

Mêncio, um dos maiores intérpretes do confucionismo, expandiu o conceito de harmonia, destacando sua importância na economia e na justiça social. Ele argumentava que a harmonia econômica só podia ser alcançada quando os recursos eram distribuídos de maneira justa e equitativa, garantindo que todos tivessem suas necessidades básicas atendidas. Ele via a desigualdade extrema como uma ameaça à harmonia social, pois criava tensões e conflitos que corroíam a coesão comunitária.

O conceito de *He* também tem uma dimensão espiritual, conectando o ser humano ao *Tian* (Céu). Para Confúcio, viver em harmonia era alinhar-se à ordem universal, reconhecendo que cada ação humana tinha implicações cósmicas. Esse alinhamento não era apenas uma questão de seguir regras, mas de cultivar uma sensibilidade profunda à interconexão entre todas as coisas. A prática de *He* era, portanto, uma forma de participar ativamente da ordem natural, contribuindo para a harmonia do universo como um todo.

Na esfera familiar, *He* era o ideal que orientava todas as relações. Confúcio enfatizava que a harmonia na família era a base para a harmonia na sociedade. Ele dizia: "Se as famílias estão em harmonia, o mundo estará em paz." Esse ensinamento reflete a visão confucionista de que o bem-estar social começa nas interações mais íntimas. Quando pais e filhos, irmãos e cônjuges vivem em respeito e cooperação, eles criam um modelo de convivência que pode ser replicado em escalas maiores.

A harmonia, no entanto, não é algo que surge espontaneamente; ela exige esforço consciente e prática constante. Confúcio ensinava que a harmonia era o resultado de um processo contínuo de autocultivo, reflexão e adaptação. Ele acreditava que cada pessoa tinha a responsabilidade de contribuir para *He*, começando consigo mesma e estendendo essa prática a todas as suas relações.

A busca pela harmonia não está isenta de desafios. Confúcio reconhecia que as diferenças de opinião, interesses e valores eram inevitáveis em qualquer sociedade. No entanto, ele via essas diferenças como oportunidades para aprender e crescer, em vez de causas de conflito. Ele ensinava que a harmonia verdadeira não eliminava a diversidade, mas a integrava de maneira construtiva, criando um todo maior do que a soma de suas partes.

Na história, o conceito de *He* inspirou políticas e práticas que buscaram equilibrar a justiça e a compaixão. Durante a dinastia Han, por exemplo, os governantes adotaram princípios confucionistas para criar sistemas de governança que promovessem a harmonia entre diferentes regiões e grupos étnicos. Esses esforços destacam como *He* pode ser aplicado em contextos complexos para promover a estabilidade e a coesão.

No mundo contemporâneo, o conceito de harmonia universal continua a oferecer insights valiosos para abordar questões globais, como mudanças climáticas, desigualdades econômicas e conflitos culturais. A ênfase confucionista em *He* nos lembra da importância de buscar soluções que respeitem a diversidade e promovam o bem-estar coletivo. Ele nos desafia a pensar além de interesses individuais ou nacionais, reconhecendo nossa interconexão como habitantes de um planeta compartilhado.

A harmonia universal, no confucionismo, é mais do que um ideal filosófico; é um caminho prático para criar um mundo mais justo, equilibrado e sustentável. Ela nos convida a ver além das divisões e a trabalhar juntos para alcançar um estado de equilíbrio que beneficie a todos. É uma visão que transcende o tempo e o espaço, oferecendo um modelo de convivência que permanece tão relevante hoje quanto nos tempos de Confúcio.

Em última análise, *He* é um reflexo da crença confucionista de que a virtude, a justiça e o respeito mútuo são as bases para uma vida plena e para uma sociedade harmoniosa. É uma lembrança de que, mesmo em um mundo de diferenças e desafios, a harmonia é possível, desde que cada um esteja disposto a fazer sua parte. Assim, a harmonia universal não é apenas um destino, mas um caminho que todos são convidados a trilhar.

Capítulo 16
Ordem Natural

No pensamento confucionista, o conceito de *Tian* (Céu) ocupa uma posição central como a manifestação da ordem natural e moral que governa o cosmos. Para Confúcio, o Céu não era apenas uma entidade transcendental ou divina, mas a fonte de princípios que estruturam a vida humana, a sociedade e o universo em perfeita harmonia.

O Céu, no confucionismo, não é uma força arbitrária ou caprichosa. Ele é compreendido como uma ordem universal que estabelece os padrões para a moralidade e a justiça. Confúcio acreditava que a natureza humana e a sociedade deveriam alinhar-se a essa ordem para alcançar a harmonia. Ele dizia: "Aquele que compreende o Céu sabe como viver." Essa afirmação reflete a visão de que a compreensão da ordem natural é essencial para uma vida plena e ética.

A conexão entre o Céu e a humanidade é mediada pelo conceito de *Mandato do Céu* (*Tianming*), que Confúcio adaptou de tradições anteriores. Originalmente usado para justificar a autoridade dos governantes, o *Tianming* foi reinterpretado por Confúcio como uma responsabilidade moral. Ele ensinava que o Mandato do Céu não era um direito incondicional, mas algo que deveria ser conquistado e mantido por meio da virtude. Governantes que agissem de maneira injusta ou imoral perderiam o Mandato do Céu, e sua queda seria vista como uma consequência natural da desarmonia.

Essa noção de ordem natural também se aplica à conduta individual. Confúcio enfatizava que o alinhamento com o Céu começava no interior de cada pessoa, por meio do autocultivo e do desenvolvimento da virtude. Ele via a prática de *Ren* (humanidade), *Yi* (justiça), *Li* (rituais) e *Xin* (confiança) como expressões do alinhamento humano com os princípios do Céu. Quando os indivíduos vivem de acordo com essas virtudes, eles participam ativamente da ordem universal, contribuindo para a harmonia social e cósmica.

A ordem natural confucionista não é rígida ou determinista. Ela reconhece a interdependência entre todas as coisas e valoriza a adaptabilidade. Confúcio ensinava que viver em harmonia com o Céu exigia discernimento e flexibilidade para responder às circunstâncias em constante mudança. Essa visão dinâmica da ordem natural enfatiza a necessidade de equilíbrio entre os princípios universais e as realidades particulares de cada situação.

O *Tian* também serve como uma fonte de inspiração espiritual no confucionismo. Embora Confúcio evitasse discussões metafísicas sobre a natureza do Céu, ele reconhecia sua presença como uma força transcendente que guiava a vida humana. Ele frequentemente se referia ao Céu como a origem de sua missão ética, dizendo: "É o Céu que me deu essa tarefa; o que pode o homem fazer contra mim?" Essa conexão pessoal com o Céu reflete sua confiança na ordem natural como um fundamento para sua filosofia e sua vida.

Na sociedade, a ordem natural se manifesta na hierarquia e nas relações humanas. Confúcio via a família como um microcosmo da ordem cósmica, onde cada membro desempenhava um papel específico em harmonia com os outros. Da mesma forma, na governança, o governante ideal era aquele que governava com virtude, refletindo os princípios do Céu em suas ações. Essa visão hierárquica, no entanto, não era uma imposição arbitrária, mas uma estrutura que promovia a justiça e a responsabilidade mútua.

A ideia de ordem natural também está profundamente enraizada na relação entre o ser humano e o meio ambiente. Embora Confúcio não discutisse explicitamente questões ecológicas, sua ênfase na harmonia e no respeito pela ordem natural sugere uma visão de coexistência entre a humanidade e a natureza. Ele via o mundo natural como uma manifestação dos princípios do Céu, e a destruição dessa ordem como uma violação ética.

Historicamente, o conceito de ordem natural influenciou profundamente o desenvolvimento do pensamento chinês. Durante a dinastia Han, a integração do confucionismo com o taoismo e outras tradições ampliou a compreensão da ordem natural, incorporando ideias de equilíbrio e complementaridade. Essa síntese filosófica moldou não apenas a política e a ética, mas também práticas como a medicina, a agricultura e a arquitetura, que refletiam a busca por harmonia com o Céu.

No mundo moderno, o conceito confucionista de ordem natural continua a oferecer insights valiosos. Ele nos lembra da importância de alinhar nossas ações individuais e coletivas com princípios éticos universais, ao mesmo tempo em que respeitamos as complexidades e as particularidades do mundo em que vivemos. Essa ênfase no equilíbrio e na responsabilidade é particularmente relevante em um momento de desafios globais, como a crise ambiental e as desigualdades sociais.

A ordem natural, como entendida no confucionismo, é um convite à reflexão sobre nosso lugar no mundo. Ela nos desafia a considerar como nossas escolhas e ações afetam não apenas nossas vidas, mas também as vidas dos outros e o equilíbrio do cosmos. É uma visão que transcende o individualismo e nos conecta a algo maior, uma rede de interdependência que abrange todas as dimensões da existência.

Ao final, o conceito de *Tian* no confucionismo não é apenas uma ideia filosófica; é uma orientação prática e espiritual. Ele nos convida a viver de maneira que reflita os princípios mais elevados de virtude e harmonia, reconhecendo nossa responsabilidade como participantes ativos da ordem universal. É um lembrete de que, ao alinhar nossas vidas à ordem natural, não apenas contribuímos para a harmonia do mundo, mas também encontramos significado e propósito em nossa existência.

A ordem natural, como ensinado por Confúcio, é o fio invisível que conecta o humano ao divino, o cotidiano ao eterno, o indivíduo ao cosmos. Seguir esse fio é trilhar um caminho de virtude, equilíbrio e harmonia, criando uma vida que não apenas reflete a ordem do Céu, mas também contribui para sua perpetuação.

Capítulo 17
Hierarquia Social

A estrutura hierárquica, no pensamento confucionista, é vista como o alicerce da ordem e da harmonia social. Longe de ser uma imposição rígida ou opressiva, a hierarquia no confucionismo é compreendida como um reflexo da ordem natural, onde cada indivíduo desempenha um papel definido, contribuindo para o equilíbrio coletivo.

Confúcio via a sociedade como um sistema interdependente, onde o respeito às posições hierárquicas era essencial para evitar o caos e promover a estabilidade. Ele acreditava que a harmonia social dependia do cumprimento das responsabilidades de cada indivíduo em relação aos outros, conforme seu papel. Essa visão é sintetizada no conceito das *Cinco Relações Fundamentais* (*Wu Lun*), que orientam as interações humanas:

1. Governante e governado.
2. Pai e filho.
3. Marido e esposa.
4. Irmão mais velho e irmão mais novo.
5. Amigo e amigo.

Cada uma dessas relações implica deveres e obrigações mútuas, estabelecendo um equilíbrio dinâmico baseado no respeito, na lealdade e na reciprocidade.

A hierarquia confucionista, no entanto, não é uma mera questão de autoridade. Confúcio enfatizava que a legitimidade da hierarquia dependia da virtude e da justiça. Um governante que liderasse com *Ren* (humanidade) e *Yi* (justiça) inspiraria lealdade e obediência espontâneas, enquanto um pai virtuoso receberia respeito natural de seus filhos. Por outro lado, o abuso de poder ou a negligência de responsabilidades corroíam a hierarquia, resultando em desordem e desconfiança.

No coração dessa visão hierárquica está o conceito de reciprocidade. Embora cada posição na hierarquia tenha suas responsabilidades específicas, essas responsabilidades são complementares e interdependentes. Por exemplo, o governante deve governar com benevolência, enquanto o governado deve obedecer com lealdade; o pai deve guiar com sabedoria, enquanto o filho deve demonstrar respeito. Esse equilíbrio mútuo assegura que a hierarquia funcione como um sistema justo e harmonioso, em vez de uma imposição unilateral.

Confúcio também via a hierarquia social como uma extensão da ordem cósmica. Ele acreditava que a organização da sociedade deveria refletir a harmonia do universo, onde cada elemento desempenha seu papel designado. Assim como o sol, a lua e as estrelas seguem seus caminhos no céu, cada pessoa tem um lugar na sociedade, contribuindo para o bem-estar coletivo. Essa visão conferia um sentido de propósito e dignidade a todos os papéis sociais, desde o governante até o camponês.

Na prática, a hierarquia social confucionista teve um impacto profundo na cultura e na governança chinesas. Durante a dinastia Han, por exemplo, o confucionismo tornou-se a base ideológica do Estado, e a hierarquia social foi reforçada por meio de rituais, educação e leis. Os exames imperiais, que determinavam o acesso aos cargos governamentais, refletiam a ênfase confucionista no mérito e na virtude, garantindo que a hierarquia fosse sustentada por indivíduos qualificados.

Ao mesmo tempo, a hierarquia confucionista enfrentou desafios e críticas. Durante períodos de crise, como a queda das dinastias ou as invasões estrangeiras, a rigidez da hierarquia muitas vezes se mostrou insuficiente para lidar com as mudanças. Além disso, críticos apontaram que a hierarquia podia ser usada para justificar desigualdades e injustiças, especialmente em relação ao gênero e à classe social.

Apesar dessas críticas, o confucionismo demonstrou uma notável capacidade de adaptação. Pensadores posteriores, como Zhu Xi e Wang Yangming, reinterpretaram os princípios confucionistas para abordar as questões sociais e políticas de seus tempos. Eles enfatizaram a importância do autocultivo e da responsabilidade individual dentro da hierarquia, promovendo uma visão mais flexível e inclusiva da ordem social.

A hierarquia também desempenha um papel central na família, que é vista como o núcleo da sociedade no confucionismo. Confúcio acreditava que a harmonia familiar era a base para a harmonia social. Ele ensinava que as relações familiares, quando fundamentadas no respeito e na responsabilidade, serviam como modelo para todas as outras relações. A *piedade filial* (*Xiao*), ou o respeito pelos pais e ancestrais, era especialmente valorizada, sendo considerada a virtude fundamental que sustentava a hierarquia familiar e, por extensão, a sociedade como um todo.

No mundo moderno, a ideia confucionista de hierarquia social continua a ser relevante, embora exija adaptações para lidar com as realidades contemporâneas. A ênfase no respeito mútuo, na responsabilidade e na reciprocidade oferece uma base ética para enfrentar desafios como a desigualdade social, os conflitos intergeracionais e as tensões culturais. Ao mesmo tempo, o confucionismo nos lembra que a hierarquia não deve ser um fim em si mesma, mas um meio para alcançar a harmonia e a justiça.

A hierarquia confucionista também oferece insights sobre liderança e governança. Em um mundo cada vez mais interconectado, onde a autoridade é frequentemente contestada, os princípios de liderança virtuosa e reciprocidade podem ajudar a construir relações mais estáveis e cooperativas. A ideia de que o poder deve ser exercido com responsabilidade e compaixão ressoa como um chamado para uma governança mais ética e humanitária.

Em última análise, a hierarquia social, no pensamento confucionista, é mais do que uma estrutura; é uma filosofia de convivência. Ela nos convida a reconhecer nosso papel em relação aos outros, a agir com virtude e a contribuir para o bem-estar coletivo. Longe de ser estática ou opressiva, a hierarquia confucionista é dinâmica e interdependente, refletindo a visão de Confúcio de que a harmonia só pode ser alcançada quando todos assumem suas responsabilidades com integridade e compromisso.

A hierarquia social, como ensinada por Confúcio, não é uma limitação, mas um convite à excelência. É um lembrete de que, ao desempenharmos nossos papéis com virtude e respeito, contribuímos para uma sociedade mais justa e harmoniosa. Essa visão continua a inspirar e a desafiar, oferecendo um modelo de organização social que valoriza tanto a ordem quanto a humanidade.

Capítulo 18
Piedade Filial

A *piedade filial* (*Xiao*) é uma das virtudes centrais do confucionismo, sustentando tanto a estrutura moral da família quanto os alicerces éticos da sociedade. Para Confúcio, a *piedade filial* transcende o mero respeito pelos pais, representando uma profunda conexão entre gerações, baseada na devoção, na gratidão e na responsabilidade.

No coração do conceito de *Xiao* está a crença de que a família é a unidade fundamental da sociedade. Para Confúcio, a relação entre pais e filhos não era apenas uma questão de afeto, mas um modelo ético para todas as outras relações humanas. Ele dizia: "Aqueles que amam e respeitam seus pais serão também gentis com os outros." Essa visão reflete a ideia de que a harmonia na família serve como base para a harmonia no mundo.

A *piedade filial* começa com o respeito. Confúcio ensinava que os filhos devem honrar os pais em suas palavras e ações, mostrando deferência e consideração em todas as circunstâncias. No entanto, ele também enfatizava que *Xiao* não se limitava à obediência cega. Ele dizia que, quando os pais cometiam erros, os filhos tinham o dever de corrigi-los com gentileza e respeito, demonstrando preocupação genuína com seu bem-estar moral.

Esse equilíbrio entre obediência e responsabilidade ética destaca a profundidade do conceito de *Xiao*. Para Confúcio, a *piedade filial* não era apenas uma obrigação formal, mas uma expressão de virtude interior. Era um compromisso de cuidar dos pais, não apenas em termos materiais, mas também em termos emocionais e espirituais. Isso incluía fornecer apoio durante a velhice, honrar seus legados após a morte e preservar sua memória por meio de rituais ancestrais.

Os rituais desempenham um papel central na prática de *Xiao*. No confucionismo, o culto aos ancestrais é uma forma de demonstrar gratidão e continuidade. Por meio de oferendas, orações e celebrações, os descendentes reconhecem as contribuições de seus antepassados e reafirmam seu vínculo com as gerações passadas. Esses rituais não são apenas gestos simbólicos, mas atos de conexão espiritual que fortalecem a identidade familiar e comunitária.

A *piedade filial* também está profundamente ligada à educação moral. Confúcio acreditava que o aprendizado das virtudes começava na família, com os pais desempenhando o papel de primeiros educadores. Ele ensinava que, ao demonstrar *Xiao*, os filhos internalizavam valores como respeito, responsabilidade e empatia, que depois seriam aplicados em todas as áreas de suas vidas. Assim, a *piedade filial* era tanto um dever quanto um processo de crescimento pessoal.

No contexto social, *Xiao* serve como um modelo para as relações entre governantes e governados, superiores e subordinados, e amigos. Confúcio via a sociedade como uma extensão da família, onde os mesmos princípios de respeito e responsabilidade mútua deveriam ser aplicados. Ele acreditava que, quando as famílias praticavam *Xiao*, a sociedade como um todo se tornava mais harmoniosa e estável.

A importância de *Xiao* na governança também é evidente nos ensinamentos de Confúcio. Ele argumentava que um governante que tratasse seu povo com o mesmo cuidado e compaixão que demonstrava por sua família seria naturalmente amado e respeitado. Essa visão estabelecia uma conexão direta entre a *piedade filial* e a liderança ética, reforçando a ideia de que a virtude começa no lar e se expande para a esfera pública.

No entanto, Confúcio também reconhecia os desafios e limitações da *piedade filial*. Ele alertava contra o excesso de formalismo e enfatizava a importância da sinceridade. Para ele, *Xiao* não era apenas uma questão de cumprir deveres, mas de cultivar um espírito genuíno de amor e gratidão. Ele dizia: "Servir os pais sem reverência não é *Xiao*; seguir os rituais sem devoção não é *Li*."

Historicamente, o conceito de *Xiao* moldou profundamente a cultura chinesa e outras sociedades influenciadas pelo confucionismo, como a Coreia, o Japão e o Vietnã. Durante a dinastia Han, a *piedade filial* foi formalmente integrada ao sistema jurídico e educacional, refletindo sua importância como pilar da ética confucionista. Os "Vinte e Quatro Exemplos de Piedade Filial", uma coletânea de histórias que ilustram atos extraordinários de devoção aos pais, tornaram-se parte integrante do ensino moral em toda a Ásia.

No entanto, a ênfase em *Xiao* também enfrentou críticas, especialmente em tempos modernos. Alguns argumentaram que o foco na obediência aos pais e à hierarquia familiar poderia ser usado para justificar o autoritarismo ou perpetuar desigualdades de gênero. Outros apontaram que as mudanças sociais, como a urbanização e a individualização, desafiaram as práticas tradicionais de *piedade filial*.

Apesar dessas críticas, o conceito de *Xiao* continua a oferecer lições valiosas. Em um mundo onde as conexões familiares e comunitárias muitas vezes são enfraquecidas, a ênfase confucionista na *piedade filial* nos lembra da importância de cuidar uns dos outros, de valorizar as gerações anteriores e de cultivar relacionamentos baseados no respeito e na gratidão.

A prática de *Xiao* no contexto contemporâneo não precisa ser limitada às tradições antigas. Ela pode ser reinterpretada para refletir as necessidades e os valores de hoje, promovendo um senso de responsabilidade intergeracional e uma ética de cuidado mútuo. Desde apoiar os pais em decisões importantes até honrar suas memórias por meio de atos de bondade, a *piedade filial* pode se manifestar de maneiras que enriquecem tanto o indivíduo quanto a sociedade.

Em última análise, a *piedade filial* no confucionismo não é apenas uma questão de dever, mas um caminho para a harmonia e a realização. Ela nos desafia a reconhecer nossas conexões com aqueles que vieram antes de nós, a valorizar seus legados e a transmitir esses valores às futuras gerações. É um lembrete poderoso de que, ao cuidar dos outros, também cuidamos de nós mesmos e do mundo ao nosso redor.

Assim, *Xiao* não é apenas uma virtude; é uma prática viva que sustenta o tecido da família, da sociedade e do cosmos. Ao incorporar a *piedade filial* em nossas vidas, seguimos o exemplo de Confúcio, que via no respeito e na responsabilidade mútua a chave para uma existência plena e harmoniosa. É um ideal que transcende o tempo, guiando-nos para um futuro onde a conexão e a compaixão continuam a ser os pilares de nossa humanidade.

Capítulo 19
Laços Familiares

No confucionismo, os laços familiares são considerados o núcleo da vida moral e a base da estrutura social. A família não é vista apenas como uma unidade de convivência, mas como um microcosmo da sociedade e do cosmos, onde princípios como respeito, responsabilidade e harmonia são cultivados e transmitidos.

Confúcio acreditava que a família era o ponto de partida para todas as virtudes. Ele dizia: "Governar um estado é como governar uma família." Essa analogia destaca a visão confucionista de que os valores praticados dentro do lar moldam a conduta dos indivíduos em todas as suas interações. Quando as relações familiares são justas e harmoniosas, elas servem como modelo para as relações sociais e políticas, criando uma cadeia de virtude que permeia toda a sociedade.

As *Cinco Relações Fundamentais*, que estruturam o pensamento confucionista sobre os laços familiares e sociais, são:
1. Pai e filho.
2. Marido e esposa.
3. Irmãos mais velhos e mais novos.
4. Governante e governado.
5. Amigo e amigo.

Dentre essas, as três primeiras são diretamente relacionadas à família e enfatizam a interdependência e as responsabilidades mútuas entre seus membros. Essas relações são vistas como as fundações para as demais, pois a família é o primeiro espaço onde os indivíduos aprendem a lidar com autoridade, igualdade e reciprocidade.

A relação entre pai e filho é central na filosofia confucionista. Confúcio ensinava que os pais devem guiar seus filhos com amor, sabedoria e exemplo moral, enquanto os filhos devem demonstrar *piedade filial* (*Xiao*), oferecendo respeito, cuidado e obediência. Essa relação é mais do que uma troca funcional; é uma expressão da continuidade e da conexão entre gerações, refletindo o fluxo natural da vida e do legado.

O casamento, representado pela relação entre marido e esposa, é outro pilar dos laços familiares no confucionismo. Embora o pensamento tradicional enfatize papéis distintos, com o marido como líder e a esposa como administradora do lar, Confúcio via essa relação como uma parceria essencial para a estabilidade familiar. A harmonia conjugal dependia da prática de virtudes como respeito, responsabilidade e empatia mútua, valores que transcendem a rigidez dos papéis tradicionais.

Os irmãos mais velhos e mais novos, por sua vez, exemplificam a hierarquia e a reciprocidade. O irmão mais velho é responsável por guiar e proteger, enquanto o irmão mais novo deve demonstrar respeito e gratidão. Essa relação é um treino para a interação com outras formas de autoridade e liderança fora da família. No entanto, Confúcio destacava que essas responsabilidades eram mútuas, enfatizando que o poder ou a posição não eram privilégios, mas obrigações éticas.

A prática das virtudes dentro da família é reforçada pelos rituais (*Li*), que estruturam e simbolizam as relações familiares. Rituais como o culto aos ancestrais não apenas honram os mortos, mas também fortalecem os laços entre os vivos, reafirmando sua conexão com a linhagem e com os valores transmitidos ao longo do tempo. Esses rituais são momentos de reflexão e gratidão, onde a família se reúne para celebrar sua história e renovar seu compromisso com os princípios que a sustentam.

Confúcio acreditava que o aprendizado moral começa na família. Ele via os pais como os primeiros professores, responsáveis por inculcar valores como respeito, justiça e compaixão nos filhos. Esse aprendizado inicial molda o caráter dos indivíduos e estabelece a base para todas as outras formas de educação e autocultivo. Para Confúcio, uma educação que negligencia os laços familiares é incompleta, pois ignora a fonte primária de virtude.

No entanto, os laços familiares confucionistas não são apenas um espaço de hierarquia; eles também são um espaço de cuidado e solidariedade. A responsabilidade de proteger e nutrir os membros mais vulneráveis da família, como crianças e idosos, é considerada uma expressão essencial da virtude. Essa visão transcende o simples cumprimento de deveres, sendo vista como uma forma de cultivar a humanidade (*Ren*) e a compaixão.

Ao longo da história, o confucionismo moldou as práticas familiares em várias culturas da Ásia Oriental, como China, Coreia, Japão e Vietnã. Em cada contexto, os princípios confucionistas foram adaptados às necessidades locais, mas a ênfase nos laços familiares permaneceu constante. No entanto, o ideal confucionista também enfrentou desafios, especialmente em tempos modernos, quando as mudanças sociais e econômicas transformaram as estruturas familiares tradicionais.

Apesar dessas mudanças, os valores confucionistas continuam a oferecer insights valiosos sobre a importância dos laços familiares. Em um mundo muitas vezes fragmentado por individualismo e alienação, o confucionismo nos lembra de que a família é um espaço onde aprendemos a compartilhar, a cuidar e a crescer juntos. Os laços familiares não são apenas uma questão de biologia ou convivência; são uma escola de virtude e um refúgio para a alma.

No mundo contemporâneo, o desafio é reinterpretar os princípios confucionistas de maneira que respeite as tradições enquanto responde às realidades atuais. Isso pode significar uma maior flexibilidade nos papéis familiares, um reconhecimento da diversidade de formas de família e uma ênfase renovada nos valores de respeito, responsabilidade e empatia.

Os laços familiares, no confucionismo, são mais do que uma obrigação ou convenção; eles são a base de uma vida virtuosa e de uma sociedade harmoniosa. Eles nos lembram de que nossa humanidade é formada em conexão com os outros, começando com aqueles que estão mais próximos de nós. Ao cultivar esses laços, contribuímos para uma rede maior de harmonia e justiça, que se estende da família à sociedade e, finalmente, ao cosmos.

Em última análise, os laços familiares confucionistas são um reflexo da visão de Confúcio de que a virtude começa em casa. Eles são uma prova de que, ao nutrirmos as relações dentro da família, estamos plantando as sementes de uma sociedade mais ética e compassiva. Essa visão, embora antiga, continua a ressoar como um guia atemporal para a construção de conexões significativas e uma vida cheia de propósito.

Capítulo 20
Relações Governamentais

No confucionismo, as relações entre governantes e governados formam a espinha dorsal de uma sociedade estável e harmoniosa. Mais do que um sistema de autoridade e obediência, essas relações são vistas como uma extensão das virtudes cultivadas no seio da família. Para Confúcio, a liderança ética e a responsabilidade mútua são os alicerces para a prosperidade coletiva, e é através da virtude que a política pode alcançar sua forma mais elevada.

Confúcio via o governante ideal como um *Junzi*—o "homem superior"—que liderava por meio do exemplo moral, em vez de força ou coerção. Ele dizia: "A virtude do governante é como o vento; a virtude do povo, como a grama. Onde o vento sopra, a grama se inclina." Essa metáfora poderosa encapsula a crença de que a conduta virtuosa de um governante inspira naturalmente o povo a agir de maneira justa e harmoniosa.

O conceito de liderança ética no confucionismo está intrinsecamente ligado à prática de *Ren* (humanidade) e *Yi* (justiça). O governante deve demonstrar compaixão e empatia por seu povo, tratando-os como uma extensão de sua própria família. Essa visão reflete o princípio de que a sociedade é uma ampliação dos laços familiares, onde o governante ocupa o papel de um pai ou mãe benevolente.

Ao mesmo tempo, o governante é chamado a agir com *Yi*, tomando decisões que sejam moralmente corretas e alinhadas com os interesses do bem comum. Confúcio enfatizava que a justiça era indispensável para a legitimidade do governo. Ele dizia: "O governo sem justiça é como um rio sem água." Essa declaração ressalta a ideia de que a liderança que negligencia a justiça está condenada ao fracasso, pois mina a confiança e a coesão social.

O *Mandato do Céu* (*Tianming*) também desempenha um papel central na visão confucionista das relações governamentais. Esse conceito afirma que a autoridade de um governante não é um direito absoluto, mas uma responsabilidade concedida pelo Céu com base na virtude. Quando um governante age de maneira tirânica ou negligente, ele perde o Mandato do Céu, e a rebelião ou substituição é justificada como uma restauração da ordem moral. Esse princípio, embora inicialmente simbólico, teve implicações práticas significativas na história política da China, servindo como uma base ética para a mudança de regimes.

Os princípios confucionistas também enfatizam a importância da educação na formação de líderes. Confúcio acreditava que a sabedoria e a virtude eram qualidades indispensáveis para o governante e que o estudo dos clássicos, a prática dos rituais (*Li*) e a reflexão moral eram meios de alcançar essas qualidades. Ele via a liderança como um processo de autocultivo contínuo, onde o governante aprimorava sua capacidade de compreender e atender às necessidades do povo.

No entanto, as relações governamentais no confucionismo não são unilaterais. Assim como o governante tem o dever de governar com virtude, os governados têm a responsabilidade de demonstrar lealdade e respeito. Essa reciprocidade é um reflexo da interdependência que caracteriza todas as relações confucionistas. No entanto, essa lealdade não é cega; Confúcio ensinava que o povo tinha o direito de expressar suas preocupações e até mesmo de desafiar a autoridade quando o governante se afastava da virtude.

A aplicação prática dessas ideias pode ser vista em exemplos históricos. Durante a dinastia Han, o confucionismo tornou-se a ideologia oficial do Estado, moldando as práticas administrativas e as relações entre governantes e governados. Os exames imperiais, baseados nos textos confucionistas, foram introduzidos como um meio de selecionar líderes qualificados e virtuosos, reforçando a ênfase na educação e no mérito.

Por outro lado, períodos de desordem política, como o colapso das dinastias Tang e Song, destacam os desafios de implementar os ideais confucionistas. Governantes que falharam em exemplificar virtude e justiça enfrentaram revoltas e perdas de legitimidade, demonstrando a importância da liderança ética para a estabilidade social.

As relações governamentais confucionistas também têm relevância contemporânea. Em um mundo onde a confiança na liderança é frequentemente desafiada, os princípios confucionistas oferecem uma visão de governança baseada em responsabilidade moral e respeito mútuo. Eles nos lembram de que a legitimidade política não pode ser alcançada apenas por meio de poder ou eficiência, mas deve ser fundamentada na justiça e na humanidade.

Além disso, o confucionismo nos desafia a reconsiderar o papel da educação na formação de líderes. Ele enfatiza que a liderança ética requer não apenas habilidades técnicas, mas também um profundo compromisso com a virtude e o bem comum. Em um contexto global, onde líderes enfrentam desafios complexos e interconectados, a visão confucionista de liderança ética e autocultivo oferece um modelo inspirador.

A relação entre governantes e governados, no confucionismo, é mais do que uma questão de autoridade; é uma parceria moral que busca o bem-estar coletivo. Ela exige virtude tanto de quem lidera quanto de quem é liderado, criando um equilíbrio que promove a harmonia e a justiça.

Confúcio via a política não como um meio de controlar, mas como uma oportunidade de elevar a humanidade. Ele acreditava que, ao governar com virtude, os líderes podiam inspirar não apenas a obediência, mas também a transformação moral do povo. Essa visão idealista, embora desafiadora, permanece como um lembrete poderoso do potencial da liderança ética para criar um mundo mais justo e harmonioso.

Em última análise, as relações governamentais confucionistas são um reflexo da visão de Confúcio de que a política deve ser guiada pelos mesmos princípios que regem as relações familiares e sociais. Elas nos desafiam a pensar na liderança como um ato de serviço, onde a virtude e a compaixão são tão importantes quanto a autoridade e o poder. É uma visão que continua a inspirar, oferecendo um caminho para uma governança que honra tanto o indivíduo quanto a coletividade.

Capítulo 21
Amizade Virtuosa

A amizade, no confucionismo, é elevada ao status de uma relação essencial para o cultivo do caráter moral e a harmonia social. Diferente de outros laços que podem ser definidos por obrigações familiares ou hierarquias sociais, a amizade se destaca como uma escolha voluntária baseada em afinidade e virtude compartilhada.

Confúcio via a amizade como um reflexo do caráter e um meio de cultivá-lo. Ele dizia: "Quando você vê um homem de virtude, tente igualá-lo; quando você vê um homem sem virtude, examine a si mesmo." Essa máxima ilustra o papel transformador das amizades no desenvolvimento moral. Amigos virtuosos não apenas fornecem apoio e companhia, mas também funcionam como espelhos, incentivando-nos a crescer ao refletirem nossas qualidades e fraquezas.

No confucionismo, a amizade é guiada pelos mesmos princípios que orientam todas as relações humanas: reciprocidade, respeito e justiça. No entanto, ela também possui um elemento único de igualdade. Diferente das relações hierárquicas, como as de pai e filho ou governante e governado, a amizade é uma interação entre iguais, onde o equilíbrio é alcançado através do compromisso mútuo com valores compartilhados.

Confúcio valorizava especialmente a amizade que promove a virtude. Ele dizia: "Amigos gentis, honestos e bem-intencionados são um tesouro." Para ele, a escolha de amigos não era apenas uma questão de afinidade ou conveniência, mas de discernimento moral. Bons amigos nos ajudam a cultivar *Ren* (humanidade) e *Yi* (justiça), enquanto amizades com aqueles que carecem de virtude podem nos desviar do caminho ético.

A amizade virtuosa também desempenha um papel importante na busca pela sabedoria. Confúcio e seus discípulos frequentemente engajavam-se em diálogos filosóficos, utilizando a amizade como um espaço de aprendizado mútuo. Essa interação intelectual não era competitiva, mas colaborativa, onde cada indivíduo contribuía para a reflexão coletiva. Esse modelo de amizade, baseado na troca de ideias e no crescimento mútuo, é um exemplo de como o confucionismo vê a amizade como um meio de enriquecimento moral e intelectual.

No entanto, a amizade, assim como qualquer relação, exige cuidado e responsabilidade. Confúcio enfatizava que os amigos deveriam corrigir gentilmente os erros uns dos outros, demonstrando sinceridade e consideração. Ele dizia: "A amizade verdadeira não teme a franqueza." Essa abertura, longe de ser um sinal de conflito, é uma expressão de compromisso com o bem-estar moral do outro.

As histórias dos Analetos e outras tradições confucionistas estão repletas de exemplos de amizades que ilustram esses princípios. Uma dessas histórias é a de Confúcio e Yan Hui, seu discípulo mais querido. Yan Hui era conhecido por sua humildade e devoção ao aprendizado, características que Confúcio admirava profundamente. Sua relação exemplifica como a amizade pode ser um terreno fértil para o crescimento mútuo, onde professor e aluno se inspiram e aprendem um com o outro.

Além do indivíduo, a amizade virtuosa também tem implicações para a sociedade como um todo. No confucionismo, as amizades baseadas na virtude são vistas como células fundamentais de harmonia social. Elas criam redes de confiança e solidariedade que transcendem as divisões de classe, hierarquia ou linhagem, fortalecendo o tecido social.

Historicamente, os valores confucionistas de amizade influenciaram a cultura da Ásia Oriental. Durante a dinastia Tang, por exemplo, a amizade entre estudiosos foi uma força motriz para a produção literária e filosófica. Esses círculos de amizade intelectual refletiam os ideais confucionistas de respeito mútuo, aprendizado contínuo e cultivo da virtude.

No mundo contemporâneo, o conceito confucionista de amizade virtuosa oferece insights valiosos. Em uma era marcada por relações superficiais e interações mediadas pela tecnologia, o confucionismo nos lembra da importância de amizades que não apenas entretêm, mas também enriquecem. Ele nos desafia a buscar amizades que incentivem nosso crescimento moral e nos conectem com algo maior do que nós mesmos.

A amizade virtuosa também é um antídoto contra o isolamento e a fragmentação social. Ao enfatizar a reciprocidade, o respeito e o apoio mútuo, o confucionismo nos ensina que a amizade é uma força poderosa para construir comunidades mais fortes e harmoniosas. Em um mundo onde as divisões são muitas vezes ampliadas, os princípios confucionistas de amizade oferecem um caminho para a reconexão e a empatia.

Em última análise, a amizade no confucionismo é muito mais do que um vínculo emocional ou social. Ela é um exercício de virtude e um reflexo do compromisso com a humanidade e o crescimento mútuo. Ela nos convida a escolher nossos amigos com sabedoria, a cultivar essas relações com cuidado e a usá-las como um meio de nos tornarmos melhores, tanto como indivíduos quanto como parte de uma comunidade maior.

Assim, a amizade virtuosa permanece um dos pilares da filosofia confucionista, um lembrete atemporal de que, nas palavras de Confúcio, "em uma boa amizade, somos um espelho que reflete o que há de melhor no outro." É um ideal que transcende barreiras culturais e temporais, convidando-nos a construir conexões significativas que elevam tanto a nós mesmos quanto ao mundo ao nosso redor.

Capítulo 22
Respeito Mútuo

O respeito mútuo ocupa uma posição central no confucionismo, sendo tanto um princípio ético quanto um elemento essencial para a harmonia nas relações humanas. Para Confúcio, o respeito não era apenas uma questão de etiqueta ou formalidade, mas um reflexo da virtude interior e da consciência moral. Ele acreditava que o respeito mútuo estabelecia a base para interações saudáveis e equilibradas, promovendo a coexistência pacífica e a construção de comunidades éticas.

No confucionismo, o respeito mútuo é fundamentado no conceito de *Li* (ritos ou propriedade ritual). Esses ritos vão além de cerimônias religiosas ou gestos simbólicos, abrangendo todas as normas de conduta que estruturam as relações humanas. Ao praticar *Li*, as pessoas demonstram respeito por si mesmas, pelos outros e pela ordem social como um todo. Esse respeito é expresso em palavras, ações e atitudes que promovem a dignidade e o equilíbrio.

Confúcio ensinava que o respeito mútuo começa no coração do indivíduo. Ele dizia: "Aquele que não respeita os outros, não pode esperar ser respeitado." Essa máxima reflete a crença de que o respeito autêntico deve ser recíproco e genuíno, surgindo do reconhecimento do valor intrínseco de cada pessoa. Assim, o respeito mútuo não é uma obrigação externa, mas uma expressão de humanidade (*Ren*) e justiça (*Yi*).

Na prática, o respeito mútuo se manifesta de várias formas nas relações humanas. Entre pais e filhos, o respeito é simbolizado pela *piedade filial (Xiao)*, que enfatiza a reverência e o cuidado mútuos. Entre amigos, ele é expresso na honestidade e na lealdade. Nas relações hierárquicas, como entre governantes e governados, o respeito mútuo é fundamental para manter a legitimidade e a confiança.

A reciprocidade é outro princípio-chave que sustenta o respeito mútuo. Confúcio formulou isso de maneira clara em sua versão da Regra de Ouro: "Não faça aos outros aquilo que não deseja para si mesmo." Essa ideia sublinha que o respeito mútuo exige empatia e consideração ativa, colocando-se no lugar do outro para entender suas necessidades e perspectivas.

O respeito mútuo também está ligado ao conceito de moderação. Para Confúcio, respeitar os outros significa evitar excessos, tanto no comportamento quanto nas palavras. Ele dizia: "O homem superior é cauteloso em seu discurso e ágil em suas ações." Essa cautela reflete um esforço para evitar ofensas e criar um ambiente de harmonia, onde todos se sintam valorizados e respeitados.

Historicamente, o respeito mútuo no confucionismo moldou profundamente as culturas da Ásia Oriental. Práticas como a saudação respeitosa, a deferência aos mais velhos e a preservação da honra familiar refletem a ênfase confucionista em demonstrar respeito em todas as interações. Esses costumes não são meras formalidades, mas expressões de valores éticos que sustentam a coesão social.

No entanto, Confúcio reconhecia que o respeito mútuo não é algo que pode ser imposto ou exigido; ele deve ser cultivado através do exemplo e da prática constante. Ele dizia: "O governante virtuoso é respeitado, mesmo sem emitir ordens." Essa afirmação destaca que o respeito autêntico surge da admiração pela virtude e integridade, e não do medo ou da coerção.

No mundo contemporâneo, o respeito mútuo continua a ser um princípio essencial para enfrentar os desafios das relações humanas. Em um contexto de crescente diversidade cultural e ideológica, o confucionismo oferece uma visão de respeito que transcende as diferenças e promove a compreensão mútua. Ele nos lembra de que o respeito não significa necessariamente concordar com o outro, mas reconhecer sua dignidade e valor como ser humano.

A prática do respeito mútuo é particularmente relevante em ambientes de trabalho, escolas e comunidades, onde interações baseadas em consideração e empatia podem criar um ambiente mais inclusivo e colaborativo. No entanto, essa prática exige esforço consciente, pois o respeito genuíno não é automático; ele deve ser cultivado através do diálogo, da paciência e do exemplo.

Confúcio também nos desafia a refletir sobre nossas próprias atitudes e comportamentos. Ele dizia: "Não corrigir suas próprias falhas é como cometer novos erros." Essa autorreflexão é fundamental para o respeito mútuo, pois nos permite reconhecer e superar preconceitos, egoísmos ou comportamentos desrespeitosos que possam minar nossas relações.

Além das interações interpessoais, o respeito mútuo no confucionismo se estende à relação com a natureza e o mundo ao nosso redor. Embora Confúcio não abordasse diretamente questões ambientais, sua ênfase na harmonia e na interdependência sugere uma visão de respeito que inclui todas as formas de vida. Esse respeito ecológico, implícito no confucionismo, é particularmente relevante em um momento de crises ambientais globais.

Em última análise, o respeito mútuo no confucionismo não é apenas um ideal ético, mas um modo de vida que nos conecta aos outros e ao universo. Ele nos desafia a ir além das convenções superficiais e a cultivar uma atitude de reverência e consideração em todas as nossas interações.

Ao praticar o respeito mútuo, contribuímos para a criação de um mundo onde a dignidade humana é valorizada, onde as diferenças são respeitadas e onde a harmonia pode florescer. É um princípio que transcende barreiras culturais e temporais, oferecendo uma base sólida para a construção de relações autênticas e comunidades mais éticas e compassivas.

Confúcio nos lembra, com sua sabedoria atemporal, que o respeito mútuo não é apenas uma virtude, mas uma expressão da nossa humanidade compartilhada. É um convite a enxergar o outro não como um estranho ou adversário, mas como um parceiro na construção de um mundo mais justo e harmonioso.

Capítulo 23
Responsabilidade Social

No coração do confucionismo está a noção de que a responsabilidade social não é apenas um dever externo, mas uma expressão intrínseca de virtude e humanidade. Para Confúcio, a sociedade ideal é construída pela ação consciente e ética de seus membros, que compreendem suas interdependências e contribuem ativamente para o bem-estar coletivo.

A base da responsabilidade social no confucionismo está no conceito de *Ren* (humanidade), que Confúcio descreve como a virtude suprema. *Ren* é a capacidade de se preocupar genuinamente com os outros, colocando suas necessidades acima dos próprios interesses quando necessário. É uma força que guia a compaixão e a empatia, estabelecendo as bases para uma convivência harmoniosa. Confúcio dizia: "O homem virtuoso deseja estabelecer os outros assim como deseja estabelecer a si mesmo." Essa máxima reflete a ideia de que o bem-estar pessoal está intrinsecamente ligado ao bem-estar do coletivo.

A responsabilidade social começa no autocultivo. Para Confúcio, antes que um indivíduo possa contribuir para a sociedade, ele deve trabalhar em sua própria virtude e caráter. Isso é alcançado por meio da prática das virtudes, da auto-reflexão constante e do aprendizado contínuo. Através do autocultivo, o indivíduo se torna um exemplo vivo de ética e integridade, capaz de inspirar e influenciar positivamente aqueles ao seu redor.

No contexto da família, a responsabilidade social é exemplificada pela *piedade filial* (*Xiao*). Cuidar dos pais e honrar os ancestrais são atos que não apenas fortalecem os laços familiares, mas também servem como modelo para a interação social. Para Confúcio, o respeito e a responsabilidade dentro da família eram a base para a construção de uma sociedade ética. Ele acreditava que a ordem e a harmonia no lar se refletiam na ordem e harmonia do estado.

Essa visão se estende à sociedade como um todo. O confucionismo ensina que cada indivíduo ocupa um lugar e desempenha um papel em uma rede de interações sociais. Governantes, líderes comunitários e cidadãos comuns têm responsabilidades específicas, mas todas compartilham um objetivo comum: promover a justiça, a harmonia e o bem-estar coletivo.

Os governantes, em particular, têm um papel crucial na visão confucionista de responsabilidade social. Confúcio defendia que o governante deveria liderar pelo exemplo, mostrando virtude e compaixão em suas ações. Ele dizia: "Quando o governante é justo, o povo o segue como as estrelas seguem o céu." Esse modelo de liderança ética destaca que a responsabilidade social dos líderes é dupla: atender às necessidades do povo e agir como modelos de virtude.

Para os cidadãos, a responsabilidade social se manifesta na participação ativa na comunidade, no cumprimento de deveres e na contribuição para o bem-estar dos outros. Isso não significa apenas respeitar leis e normas, mas também promover ativamente a justiça e ajudar aqueles que estão em necessidade. O confucionismo nos lembra de que a responsabilidade social é um compromisso com o equilíbrio e a equidade, mesmo em situações desafiadoras.

Os rituais (*Li*) desempenham um papel importante no fortalecimento da responsabilidade social. Eles não apenas estruturam a interação social, mas também cultivam um senso de pertencimento e solidariedade. Rituais comunitários, como celebrações ou cerimônias de luto, são momentos em que os indivíduos reafirmam seu compromisso com o coletivo, demonstrando respeito e cuidado mútuo.

A história oferece inúmeros exemplos de como a responsabilidade social confucionista influenciou práticas culturais e políticas. Durante a dinastia Han, por exemplo, os ideais confucionistas foram incorporados ao sistema de governo, enfatizando a educação e a virtude como qualificações essenciais para o serviço público. Funcionários eram selecionados com base em sua capacidade de demonstrar responsabilidade ética, e não apenas em suas habilidades técnicas.

No entanto, a responsabilidade social confucionista não está isenta de desafios. Em tempos modernos, mudanças como a urbanização, o individualismo e a globalização criaram tensões entre as responsabilidades individuais e coletivas. Apesar disso, o confucionismo oferece uma estrutura adaptável, que pode ser reinterpretada para abordar questões contemporâneas, como justiça social, desigualdade e sustentabilidade ambiental.

Por exemplo, em um mundo onde as crises ambientais afetam milhões de vidas, a responsabilidade social confucionista nos lembra da interconexão entre humanos e a natureza. O conceito de harmonia (*He*), central no confucionismo, pode ser aplicado à necessidade urgente de cuidar do meio ambiente como uma extensão de nosso dever para com a sociedade.

Outro aspecto relevante da responsabilidade social confucionista é sua ênfase no diálogo e na cooperação. Em um mundo cada vez mais polarizado, os princípios confucionistas de respeito mútuo, reciprocidade e empatia oferecem um caminho para resolver conflitos e promover o entendimento. Ao praticar a responsabilidade social, os indivíduos e comunidades podem encontrar formas de trabalhar juntos para superar divisões e criar um futuro mais harmonioso.

Em última análise, a responsabilidade social no confucionismo é mais do que uma obrigação; é uma expressão de nossa humanidade compartilhada. Ela nos lembra de que nossas ações têm um impacto direto nos outros e que, ao trabalharmos pelo bem-estar coletivo, também enriquecemos nossas próprias vidas.

Confúcio nos convida a refletir sobre como nossas escolhas e comportamentos moldam o mundo ao nosso redor. Ele nos desafia a agir com compaixão, justiça e integridade, mesmo diante de adversidades. É um chamado para transformar a sociedade por meio do exemplo e da ação, reconhecendo que a verdadeira virtude está em servir não apenas a si mesmo, mas também à comunidade.

Assim, a responsabilidade social confucionista permanece um guia poderoso para uma vida ética e significativa. Ela nos lembra de que, ao cuidarmos uns dos outros, construímos uma sociedade mais justa, equilibrada e harmoniosa, onde todos podem prosperar. É um ideal que transcende o tempo, oferecendo uma base sólida para enfrentar os desafios e as oportunidades do mundo moderno.

Capítulo 24
Harmonia Familiar

No confucionismo, a família é reverenciada como o núcleo da vida moral e social, o ponto de origem a partir do qual todas as virtudes se irradiam. A harmonia familiar, portanto, não é apenas um ideal, mas uma necessidade prática para a construção de uma sociedade justa e equilibrada.

Confúcio via a família como um microcosmo da sociedade, onde as virtudes fundamentais, como respeito, responsabilidade e amor altruísta, são cultivadas e testadas. Ele ensinava que o relacionamento entre pais e filhos, entre cônjuges e entre irmãos era o campo inicial para o aprendizado da ética. Essa ênfase reflete-se no conceito de *Wu Lun* (as cinco relações fundamentais), que coloca as relações familiares no centro das interações humanas.

A *piedade filial* (*Xiao*) é a pedra angular da harmonia familiar no confucionismo. Confúcio dizia: "Aqueles que amam e respeitam seus pais dificilmente causarão problemas ao governo." Para ele, *Xiao* ia além do respeito e da obediência; era uma expressão de cuidado ativo, gratidão e compromisso com o bem-estar dos pais. Essa virtude cria um ambiente onde o respeito mútuo é cultivado, e os laços familiares são fortalecidos.

A harmonia familiar também depende do equilíbrio entre direitos e responsabilidades. Cada membro da família tem um papel a desempenhar, mas esses papéis não são fixos ou arbitrários; eles são definidos pelo contexto e pelas necessidades mútuas. Por exemplo, enquanto os pais têm o dever de guiar e proteger, os filhos têm a responsabilidade de ouvir e aprender, criando uma dinâmica de reciprocidade que beneficia todos os envolvidos.

No casamento, a harmonia é construída sobre os pilares do respeito e da cooperação. Confúcio reconhecia a importância da relação conjugal como a base para uma família forte e unida. Embora os papéis tradicionais possam ter enfatizado diferenças de responsabilidade entre marido e esposa, o confucionismo valoriza a parceria equilibrada e o compromisso mútuo para enfrentar desafios e criar um ambiente propício ao crescimento moral.

Os rituais (*Li*) desempenham um papel crucial na manutenção da harmonia familiar. Esses rituais não são apenas gestos cerimoniais, mas práticas que reforçam os valores familiares e criam um senso de continuidade. Aniversários, casamentos e funerais, por exemplo, são ocasiões que conectam as gerações e relembram os membros da família de seu lugar em uma linha de ancestralidade e legado.

Outro aspecto importante da harmonia familiar no confucionismo é o cultivo da empatia e da comunicação aberta. Confúcio acreditava que o conflito surge quando as pessoas não compreendem ou não valorizam as perspectivas umas das outras. Ele ensinava que, ao ouvir e responder com paciência e consideração, os membros da família podiam resolver desentendimentos e fortalecer seus laços.

A harmonia familiar também tem implicações para a sociedade em geral. Para Confúcio, uma família harmoniosa era um modelo para uma sociedade harmoniosa. Ele dizia: "Governar um estado é como governar uma família." Assim, os valores e as práticas que sustentam a harmonia no lar são vistos como essenciais para a estabilidade e a prosperidade em uma escala maior.

Historicamente, a ênfase confucionista na harmonia familiar influenciou profundamente as culturas da Ásia Oriental. Práticas como o culto aos ancestrais, a reverência pelos mais velhos e a organização de clãs familiares foram moldadas por esses ideais. Durante dinastias como a Han e a Song, a harmonia familiar foi promovida como um princípio central na administração pública, refletindo a visão confucionista de que a governança ética começa em casa.

Contudo, a harmonia familiar também enfrenta desafios em tempos modernos. A urbanização, a globalização e as mudanças nas estruturas familiares tradicionais têm transformado a dinâmica das relações familiares. No entanto, os princípios confucionistas oferecem uma base adaptável para enfrentar essas mudanças, enfatizando a importância de valores como respeito, responsabilidade e empatia em contextos contemporâneos.

Por exemplo, em um mundo onde as famílias podem estar separadas por longas distâncias, o conceito de *Xiao* pode ser reinterpretado para incluir formas modernas de cuidado e conexão, como chamadas regulares, apoio emocional e compromissos financeiros. Da mesma forma, os rituais podem ser adaptados para refletir novas realidades, mantendo seu papel unificador.

A harmonia familiar no confucionismo também serve como um lembrete de que as relações humanas são dinâmicas e exigem esforço contínuo. Confúcio nos desafia a refletir sobre como nossas ações e atitudes contribuem para o bem-estar da família e, por extensão, da sociedade. Ele nos incentiva a praticar paciência, compaixão e justiça em nossas interações familiares, reconhecendo que esses valores têm um impacto duradouro.

Além disso, o confucionismo nos oferece uma visão de família que transcende os laços biológicos, enfatizando a importância de criar ambientes de apoio e cuidado em todas as formas de comunidade. Essa visão inclusiva reflete o princípio confucionista de que a harmonia não é um estado fixo, mas um processo contínuo de equilíbrio e ajuste.

Em última análise, a harmonia familiar no confucionismo é mais do que um ideal; é um caminho para a realização pessoal e coletiva. Ela nos lembra de que as virtudes que cultivamos em casa têm o poder de transformar nossas vidas e o mundo ao nosso redor.

Confúcio nos convida a ver a família como um espaço de aprendizado e crescimento, onde cada desafio é uma oportunidade de praticar a virtude e fortalecer os laços que nos conectam. É uma visão que transcende o tempo, oferecendo um guia poderoso para construir relações mais fortes, famílias mais unidas e uma sociedade mais harmoniosa.

Capítulo 25
Cultivo Pessoal

O cultivo pessoal é o alicerce do confucionismo, o ponto de partida para toda transformação moral, social e política. Para Confúcio, o aprimoramento do caráter individual não é apenas uma busca introspectiva, mas um compromisso ativo com o mundo ao redor.

No confucionismo, o cultivo pessoal começa com a prática das virtudes. Entre elas, *Ren* (humanidade), *Yi* (justiça) e *Li* (propriedade ritual) ocupam um lugar central, orientando o indivíduo em sua conduta diária. Confúcio ensinava que as virtudes não eram atributos inatos, mas qualidades que exigiam esforço consciente para serem desenvolvidas. Ele dizia: "O homem superior busca em si mesmo; o homem inferior busca nos outros." Essa máxima reflete a ênfase no autocultivo como um processo interno e contínuo.

A prática do cultivo pessoal envolve três elementos principais: auto-reflexão, aprendizado e ação ética. A auto-reflexão é essencial para identificar falhas e trabalhar na superação delas. Confúcio frequentemente questionava a si mesmo: "Tenho sido fiel em minhas palavras? Tenho sido justo em meus atos?" Essa abordagem exige honestidade consigo mesmo e um compromisso inabalável com o aprimoramento.

O aprendizado é outro pilar do cultivo pessoal. Para Confúcio, o estudo dos textos clássicos, a observação dos rituais e o diálogo com outros eram meios indispensáveis para o desenvolvimento moral e intelectual. Ele dizia: "Aprender sem pensar é inútil; pensar sem aprender é perigoso." Essa integração entre teoria e prática reforça a ideia de que o verdadeiro aprendizado vai além do conhecimento, transformando-se em sabedoria aplicada.

A ação ética é o terceiro elemento que conecta o cultivo pessoal ao mundo externo. Confúcio acreditava que a virtude era demonstrada através de ações concretas, não apenas intenções. Ele dizia: "A bondade não é algo que se guarda para si; ela se irradia para beneficiar os outros." Dessa forma, o cultivo pessoal se torna um catalisador para a harmonia social, começando com o indivíduo e se expandindo para a família, a comunidade e, finalmente, o estado.

Os rituais (*Li*) desempenham um papel crucial no cultivo pessoal. Eles não apenas moldam o comportamento externo, mas também refinam as intenções internas. Participar de rituais com sinceridade e respeito ajuda o indivíduo a alinhar suas ações com valores éticos, promovendo a disciplina e a autoconsciência. Esses momentos de prática ritual conectam o indivíduo a uma tradição maior, reforçando seu papel na continuidade da ordem social.

O cultivo pessoal no confucionismo também está intrinsecamente ligado à ideia de liderança ética. Para Confúcio, um líder eficaz não é aquele que impõe autoridade, mas aquele que inspira pelo exemplo. Ele dizia: "Governar a si mesmo é a primeira tarefa de quem deseja governar os outros." Essa visão ressalta que a transformação de uma sociedade começa com a transformação de seus líderes, que devem personificar as virtudes que desejam ver nos governados.

Historicamente, o cultivo pessoal foi central para os sistemas educacionais baseados no confucionismo. Durante as dinastias Han e Song, por exemplo, os exames imperiais exigiam que os candidatos demonstrassem não apenas conhecimento técnico, mas também qualidades morais. Essa ênfase no caráter moldou gerações de líderes, reforçando a conexão entre autocultivo e governança eficaz.

No entanto, o cultivo pessoal confucionista não é um caminho isento de desafios. Requer perseverança, paciência e disposição para confrontar falhas internas. Confúcio reconhecia essas dificuldades, mas encorajava seus discípulos a perseverarem. Ele dizia: "Não importa quão lentamente você vá, desde que você não pare." Essa abordagem resiliente reflete a crença de que o progresso moral é um processo acumulativo, construído por meio de pequenas ações diárias.

No mundo contemporâneo, o cultivo pessoal continua sendo uma prática relevante, especialmente em um contexto de mudanças rápidas e desafios globais. Em uma era marcada pelo individualismo e pela superficialidade, o confucionismo nos lembra da importância de trabalhar no fortalecimento do caráter e na construção de conexões significativas.

O cultivo pessoal também oferece um antídoto contra o esgotamento e a desconexão. Ao enfatizar a importância do equilíbrio entre o interno e o externo, o confucionismo promove uma abordagem holística para o desenvolvimento, onde o crescimento moral, intelectual e emocional se complementam.

Além disso, o cultivo pessoal no confucionismo pode ser aplicado em áreas como liderança, educação e relações interpessoais. Líderes que praticam o autocultivo são mais propensos a tomar decisões éticas e inspirar confiança. Professores que se dedicam ao próprio aprimoramento são modelos para seus alunos. Em casa, o cultivo pessoal fortalece os laços familiares e cria um ambiente de respeito e apoio mútuo.

O confucionismo nos desafia a ver o cultivo pessoal não como um esforço isolado, mas como um compromisso com algo maior. Ele nos lembra de que cada ato de autocultivo contribui para a criação de um mundo mais harmonioso. Ao trabalhar em nós mesmos, estamos, ao mesmo tempo, cuidando do bem-estar daqueles ao nosso redor.

Em última análise, o cultivo pessoal confucionista é uma jornada de autodescoberta e realização, uma busca para alinhar quem somos com quem podemos nos tornar. Ele nos convida a viver com propósito, a agir com integridade e a contribuir para a harmonia universal.

Confúcio nos deixa com uma lição atemporal: "O homem superior não busca o caminho de outros; ele cultiva o seu próprio." É um chamado para sermos agentes de mudança, começando com a transformação de nós mesmos. Ao responder a esse chamado, descobrimos que o cultivo pessoal não é apenas um ideal, mas um caminho para a plenitude e a conexão.

Capítulo 26
Estudo Constante

No confucionismo, o estudo é mais do que a busca por conhecimento. É um compromisso vitalício com o aprimoramento moral, intelectual e espiritual. Confúcio via o aprendizado como um processo dinâmico que transcende o acúmulo de informações, orientando o indivíduo para uma vida de virtude e harmonia.

Para Confúcio, o estudo começa com uma disposição interior de aprender e uma humildade diante do desconhecido. Ele dizia: "Aprender algo e aplicá-lo no momento certo—não é isso uma alegria?" Essa alegria não é superficial, mas surge do crescimento que o aprendizado proporciona. O estudo constante é uma prática que une pensamento crítico e introspecção, cultivando uma compreensão mais profunda de si mesmo e do mundo.

O confucionismo enfatiza que o estudo constante deve ser guiado pela intenção ética. O aprendizado que não promove a virtude é considerado estéril. Confúcio alertava: "Conhecimento sem virtude é um desperdício; virtude sem conhecimento é insuficiente." Essa visão reflete a crença de que o verdadeiro aprendizado é inseparável da prática das virtudes, como *Ren* (humanidade) e *Yi* (justiça).

Os textos clássicos ocupam um lugar especial no estudo confucionista. Obras como os Analetos, o Grande Estudo e a Doutrina do Meio fornecem orientações sobre como viver uma vida ética e significativa. Esses textos não são meramente literários; eles são guias vivos que desafiam o leitor a refletir, aplicar e aprimorar seus valores. Estudá-los é um ato de conexão com a tradição, uma maneira de aprender com os sábios do passado enquanto enfrentamos os desafios do presente.

O método de aprendizado confucionista é deliberado e integrado. Ele combina o estudo dos textos com a observação do mundo e a auto-reflexão. Confúcio dizia: "Três coisas eu uso para me guiar: aprender com os outros, aprender com meus próprios erros e aprender com os clássicos." Esse método equilibra o aprendizado teórico e prático, criando um ciclo contínuo de crescimento.

A troca de ideias com outros também é um componente essencial do estudo constante. Confúcio valorizava o diálogo como uma ferramenta para o aprendizado mútuo. Ele e seus discípulos frequentemente discutiam questões éticas e filosóficas, utilizando essas conversas para aprofundar sua compreensão. A interação com outros estimula o pensamento crítico, desafia preconceitos e abre novas perspectivas.

No entanto, o estudo constante no confucionismo não é uma busca isolada. Ele é fundamentado na ideia de servir à sociedade. Confúcio acreditava que o aprendizado tinha o propósito final de beneficiar os outros. Ele dizia: "O homem superior aprende para alcançar a excelência e ajudar os outros; o homem inferior aprende apenas para impressionar." Essa distinção reflete a ênfase confucionista no uso do conhecimento para promover o bem comum.

Historicamente, o estudo constante foi institucionalizado na cultura confucionista. O sistema de exames imperiais, introduzido durante a dinastia Han, exigia que os candidatos demonstrassem conhecimento dos textos clássicos e um compromisso com os valores éticos. Esses exames foram uma forma de promover a meritocracia e garantir que os líderes fossem não apenas competentes, mas também virtuosos.

Os desafios do aprendizado também foram reconhecidos por Confúcio. Ele enfatizava a importância da perseverança diante de dificuldades. Ele dizia: "Não se preocupe se os outros não reconhecem seu esforço; preocupe-se se você não está aprendendo o suficiente." Essa abordagem resiliente encoraja os indivíduos a focarem em seu próprio progresso, em vez de buscar validação externa.

No contexto contemporâneo, o conceito confucionista de estudo constante oferece insights valiosos para a educação e o desenvolvimento pessoal. Em um mundo onde a informação está amplamente disponível, o confucionismo nos lembra da importância de aprender com propósito e discernimento. Ele nos desafia a ir além do superficial e buscar um aprendizado que transforme não apenas o que sabemos, mas quem somos.

O estudo constante também tem implicações práticas. Líderes que adotam o aprendizado contínuo são mais adaptáveis e éticos, educadores que exemplificam essa prática inspiram seus alunos, e comunidades que valorizam o aprendizado criam ambientes de crescimento coletivo. Em todas essas esferas, o estudo constante promove um ciclo virtuoso de aprimoramento e contribuição.

A tecnologia moderna, embora tenha facilitado o acesso ao conhecimento, também apresenta desafios. A distração e o consumo passivo de informações podem desviar os indivíduos do aprendizado significativo. O confucionismo oferece uma solução ao enfatizar a importância da reflexão e da aplicação prática do conhecimento. Ele nos encoraja a transformar a informação em sabedoria, integrando-a em nossas vidas de maneira ética e consciente.

O estudo constante, no confucionismo, é um lembrete de que o aprendizado nunca termina. Ele é um processo que nos conecta ao passado, nos prepara para o futuro e nos enraíza no presente. É uma jornada que enriquece não apenas o indivíduo, mas também a comunidade e a sociedade como um todo.

Confúcio nos inspira com suas palavras: "Aquele que aprende e não aplica é como um homem que lavra a terra, mas não planta." É um chamado para que aproveitemos cada oportunidade de aprendizado, transformando o conhecimento em ação e o potencial em realidade.

Ao praticar o estudo constante, somos convidados a nos tornar aprendizes eternos, comprometidos não apenas com o próprio crescimento, mas também com a construção de um mundo mais sábio, justo e harmonioso.

Capítulo 27
Aprendizado Moral

No confucionismo, o aprendizado moral é a essência da educação e o fundamento para a construção de um caráter virtuoso. Diferente do simples acúmulo de conhecimento, o aprendizado moral busca alinhar a mente e o coração com os princípios éticos que guiam a vida em harmonia com os outros e com a ordem universal.

Para Confúcio, a moralidade não é apenas uma questão de ação correta, mas uma qualidade que deve ser cultivada internamente. Ele dizia: "O cultivo do caráter é o ponto de partida para toda sabedoria." Essa afirmação reflete a crença de que o aprendizado moral é tanto um processo introspectivo quanto uma prática exteriorizada em ações virtuosas.

O aprendizado moral no confucionismo começa com os conceitos fundamentais de *Ren* (humanidade), *Yi* (justiça) e *Li* (propriedade ritual). Esses princípios formam a base de uma vida ética, orientando as escolhas e os comportamentos em direção ao bem comum. Confúcio ensinava que o aprendizado moral exige um esforço contínuo para integrar essas virtudes em todas as dimensões da vida, desde as relações familiares até os deveres sociais.

A prática do aprendizado moral envolve três etapas principais: reflexão, disciplina e aplicação. A reflexão é o primeiro passo, um momento de autoanálise em que o indivíduo examina suas intenções, ações e seu alinhamento com os valores éticos. Confúcio dizia: "Todos os dias, examino a mim mesmo em três aspectos: tenho sido fiel aos outros? Tenho cumprido meus deveres? Tenho aprendido com sinceridade?" Essa prática diária de introspecção é essencial para o crescimento moral.

A disciplina é o segundo componente, representando o compromisso de corrigir falhas e fortalecer a virtude. Confúcio enfatizava que a moralidade não é alcançada de forma passiva, mas através de um esforço deliberado. Ele dizia: "Aquele que busca a virtude deve trabalhar incessantemente." Essa visão sublinha a importância da determinação e da perseverança no aprendizado moral.

A aplicação é a etapa final, onde os princípios morais são traduzidos em ações concretas. Para Confúcio, a moralidade só tem valor quando se manifesta na prática. Ele ensinava: "O conhecimento da virtude é o começo; a prática da virtude é a realização." Esse enfoque na ação ética garante que o aprendizado moral seja mais do que um ideal abstrato, tornando-se uma força ativa na vida do indivíduo e na sociedade.

Os rituais (*Li*) desempenham um papel crucial no aprendizado moral. Esses ritos, que incluem desde gestos cotidianos de respeito até cerimônias formais, servem como ferramentas para reforçar os valores éticos e conectar o indivíduo à comunidade. Participar dos rituais com sinceridade é uma forma de internalizar os princípios morais e fortalecer o caráter.

A importância do aprendizado moral também se reflete na educação confucionista. Confúcio via o ensino como um meio de cultivar a virtude nos outros, enfatizando que o verdadeiro educador não transmite apenas conhecimento, mas inspira seus alunos a viver de forma ética. Ele dizia: "Ensinar é nutrir o espírito; guiar é mostrar o caminho." Esse enfoque holístico na educação moral foi incorporado ao sistema educacional das dinastias chinesas, onde o estudo dos clássicos e a prática das virtudes eram centrais.

Historicamente, o aprendizado moral confucionista moldou líderes e cidadãos em sociedades influenciadas por essa filosofia. Durante a dinastia Song, por exemplo, pensadores como Zhu Xi enfatizaram a importância de combinar o estudo dos textos clássicos com a prática do autocultivo. Esse equilíbrio entre teoria e prática criou uma tradição de aprendizado moral que permeava todos os níveis da sociedade.

No entanto, o aprendizado moral no confucionismo não é isento de desafios. Ele exige uma disposição para confrontar falhas internas e resistir às tentações de interesses egoístas. Confúcio reconhecia essas dificuldades, mas encorajava seus discípulos a persistirem. Ele dizia: "A estrada para a virtude é longa, mas cada passo dado é um avanço para a harmonia." Essa perspectiva reforça que o aprendizado moral é um processo contínuo e cumulativo.

No mundo contemporâneo, o aprendizado moral confucionista oferece uma abordagem valiosa para enfrentar dilemas éticos e promover a responsabilidade social. Em um ambiente onde a educação muitas vezes prioriza habilidades técnicas em detrimento de valores éticos, o confucionismo nos lembra da importância de formar indivíduos completos, cujas decisões são guiadas por princípios morais.

O aprendizado moral também tem aplicações práticas em áreas como liderança, educação e relações interpessoais. Líderes que praticam o aprendizado moral são mais propensos a tomar decisões justas e compassivas, educadores que integram valores éticos em seu ensino moldam cidadãos responsáveis, e indivíduos que se dedicam ao autocultivo criam comunidades mais harmoniosas.

Além disso, o aprendizado moral no confucionismo é uma resposta ao individualismo e à fragmentação social do mundo moderno. Ele enfatiza a interconexão entre o indivíduo e o coletivo, promovendo uma visão de ética que valoriza tanto o bem-estar pessoal quanto o bem-estar dos outros. Essa abordagem holística pode inspirar soluções para desafios globais, como desigualdade, polarização e crises ambientais.

Em última análise, o aprendizado moral no confucionismo é um chamado para viver com propósito e integridade. Ele nos desafia a buscar não apenas o que é benéfico, mas o que é justo, e a alinhar nossas vidas com os valores que promovem a harmonia universal.

Confúcio nos lembra de que o aprendizado moral é um processo transformador, tanto para o indivíduo quanto para a sociedade. Ele dizia: "O homem superior trabalha para aperfeiçoar a si mesmo e, ao fazê-lo, contribui para o aperfeiçoamento do mundo." Essa sabedoria atemporal nos inspira a ver o aprendizado moral como uma jornada contínua, um caminho que nos leva a nos tornar não apenas melhores indivíduos, mas agentes de mudança em um mundo que anseia por virtude e justiça.

Capítulo 28
Conhecimento Prático

No confucionismo, o conhecimento prático ocupa uma posição central. Não basta conhecer as virtudes ou compreender os princípios éticos; é necessário aplicá-los de forma tangível no cotidiano. Para Confúcio, o verdadeiro aprendizado se manifesta na prática, moldando ações que promovem harmonia, justiça e humanidade.

O confucionismo entende o conhecimento prático como um processo contínuo de integração entre teoria e ação. Confúcio dizia: "Aprender e não aplicar é como arar a terra e não semear." Essa metáfora ilustra que o conhecimento, quando não utilizado, perde seu propósito e valor. O conhecimento prático, portanto, é o elo que conecta o aprendizado à vida diária, dando significado às virtudes e tornando-as acessíveis nas interações humanas e nas responsabilidades sociais.

Para o confucionismo, o conhecimento prático começa no autocultivo. Entender e aplicar virtudes como *Ren* (humanidade), *Yi* (justiça) e *Li* (propriedade ritual) é essencial para alinhar as intenções às ações. Confúcio ensinava que as virtudes não são abstratas; elas se manifestam nas escolhas cotidianas, desde a forma como tratamos os outros até as decisões que tomamos em momentos de conflito ou incerteza. Ele dizia: "O homem superior é reconhecido por suas ações, e não por suas palavras."

O conceito de *Li* é particularmente importante no contexto do conhecimento prático. Os rituais, para Confúcio, não eram apenas cerimônias formais, mas práticas que moldavam o comportamento e reforçavam valores éticos. Participar dos rituais com sinceridade e atenção era uma maneira de internalizar princípios morais e aplicá-los de forma consistente em diferentes situações. Esses rituais funcionavam como um guia prático para viver de forma alinhada com os ideais confucionistas.

Outro aspecto do conhecimento prático é a capacidade de tomar decisões éticas em situações complexas. O confucionismo ensina que a moralidade não é rígida, mas exige sensibilidade e discernimento para se adaptar às circunstâncias. Confúcio dizia: "A justiça está em fazer o que é correto no momento certo." Esse princípio destaca a importância de considerar o contexto ao aplicar valores éticos, reconhecendo que cada situação exige uma abordagem única.

O aprendizado por meio do exemplo também desempenha um papel crucial no desenvolvimento do conhecimento prático. Confúcio acreditava que as ações de líderes, professores e pais eram ferramentas poderosas para ensinar e inspirar os outros. Ele dizia: "O homem superior lidera pelo exemplo; o homem inferior lidera por imposição." Esse enfoque no exemplo prático ressalta que o impacto das ações é mais profundo do que o das palavras, influenciando aqueles ao redor de maneira duradoura.

Historicamente, o confucionismo valorizou o conhecimento prático como uma base para a governança e a administração pública. Durante a dinastia Han, os exames imperiais enfatizavam não apenas o domínio dos textos clássicos, mas também a capacidade de aplicar esses ensinamentos em questões de governança. Funcionários que demonstravam sabedoria prática eram considerados mais aptos para liderar, pois podiam traduzir os ideais confucionistas em políticas eficazes e justas.

A prática do conhecimento no confucionismo também envolve um componente comunitário. Confúcio ensinava que o aprendizado não deve ser isolado, mas compartilhado para beneficiar os outros. Ele dizia: "Ensinar é duas vezes aprender." Essa visão reforça que a aplicação do conhecimento é tanto um ato individual quanto um serviço à comunidade, contribuindo para o bem-estar coletivo.

No mundo contemporâneo, o conhecimento prático confucionista oferece uma abordagem valiosa para resolver problemas complexos. Em um momento em que a teoria muitas vezes é desconectada da prática, o confucionismo nos lembra da importância de alinhar valores e ações. Ele nos desafia a aplicar princípios éticos em áreas como liderança, educação e sustentabilidade, criando soluções que reflitam integridade e compaixão.

Por exemplo, em ambientes de trabalho, o conhecimento prático pode ajudar líderes a tomar decisões que equilibram os interesses organizacionais com o bem-estar dos funcionários. Na educação, os professores podem usar exemplos práticos para ensinar valores, ajudando os alunos a entender como a ética se traduz em ações concretas. Em questões ambientais, o conhecimento prático confucionista pode inspirar abordagens que respeitem a harmonia entre a humanidade e a natureza, promovendo práticas sustentáveis.

O confucionismo também enfatiza a importância da humildade no uso do conhecimento prático. Ele nos lembra que o aprendizado é um processo contínuo e que o conhecimento aplicado hoje pode ser refinado e expandido amanhã. Confúcio dizia: "Aquele que pensa que já aprendeu tudo ainda tem muito a aprender." Essa perspectiva nos encoraja a permanecer abertos ao crescimento e à adaptação, mesmo enquanto aplicamos o que sabemos.

Outro aspecto relevante é a responsabilidade que acompanha o conhecimento prático. Para Confúcio, aqueles que possuem sabedoria têm o dever de usá-la para promover o bem-estar dos outros. Ele dizia: "A virtude do conhecimento está em compartilhá-lo." Isso nos lembra que o conhecimento prático não é um fim em si mesmo, mas um meio de criar impacto positivo na vida das pessoas e na sociedade como um todo.

O conhecimento prático no confucionismo também pode ser aplicado no nível pessoal, ajudando os indivíduos a enfrentar desafios cotidianos com clareza e propósito. Ao alinhar pensamentos, palavras e ações, o conhecimento prático nos capacita a viver de forma autêntica e significativa, promovendo a harmonia interna e externa.

Em última análise, o conhecimento prático é a ponte que conecta o ideal ao real, a teoria à ação. Ele nos convida a viver de forma alinhada com nossos valores, transformando cada momento em uma oportunidade de aprendizado e crescimento.

Confúcio nos ensina: "Saber o que é certo e não fazer é falta de coragem." Essa máxima nos desafia a agir, a usar o que sabemos para criar mudanças positivas e a viver de forma que nossas ações reflitam nossos princípios. É um chamado para transformar o conhecimento em sabedoria viva, guiando nossas vidas e iluminando o caminho para os outros.

Capítulo 29
Desenvolvimento Intelectual

O desenvolvimento intelectual, no confucionismo, transcende o simples ato de adquirir conhecimento. Ele é uma jornada de autotransformação, uma busca por sabedoria que integra o pensamento crítico, a introspecção e a prática ética. Essa perspectiva enfatiza que o intelecto deve ser cultivado de forma holística, alinhado com os valores morais e direcionado para o benefício do indivíduo e da sociedade.

Confúcio considerava o desenvolvimento intelectual uma base indispensável para o crescimento humano. Ele dizia: "O aprendizado sem pensamento é um desperdício; o pensamento sem aprendizado é perigoso." Essa visão destaca a necessidade de equilibrar a aquisição de informações com a reflexão profunda, garantindo que o conhecimento adquirido seja compreendido e aplicado de maneira significativa.

No confucionismo, o desenvolvimento intelectual começa com a educação formal e se expande para o aprendizado contínuo ao longo da vida. Os textos clássicos desempenham um papel central nesse processo, oferecendo ensinamentos que vão além da erudição técnica, conectando o leitor às tradições filosóficas e éticas que sustentam a sociedade. Obras como os Analetos e o Livro das Mutações não são apenas fontes de informação, mas guias que convidam à contemplação e ao aperfeiçoamento do intelecto.

O processo de aprendizado confucionista envolve três dimensões fundamentais: estudo, questionamento e síntese. O estudo é a base, onde o indivíduo entra em contato com ideias e conhecimentos que desafiam sua compreensão inicial. O questionamento é a etapa de análise crítica, onde as informações são examinadas sob diferentes perspectivas, permitindo um entendimento mais profundo. A síntese ocorre quando o aprendizado e a reflexão se combinam, resultando em uma visão integrada que orienta as ações e decisões.

O desenvolvimento intelectual também exige humildade. Confúcio advertia contra a arrogância que pode surgir do conhecimento superficial, dizendo: "Saber o que não sabe é o começo da sabedoria." Essa humildade intelectual promove uma abertura para novas ideias e perspectivas, permitindo que o aprendizado seja um processo contínuo e enriquecedor.

A prática da mente aberta, no confucionismo, é complementada pela importância do aprendizado com os outros. Confúcio ensinava que o diálogo com pessoas de diferentes experiências e perspectivas amplia a compreensão e desafia preconceitos. Ele dizia: "Quando caminho com dois homens, cada um é meu professor: escolho o que é bom em um e corrijo o que é ruim em mim." Essa abordagem enfatiza que o desenvolvimento intelectual é tanto um esforço individual quanto uma interação comunitária.

A aplicação prática do intelecto é outro aspecto essencial do desenvolvimento intelectual confucionista. O conhecimento, segundo Confúcio, deve ser usado para resolver problemas, melhorar a sociedade e promover a harmonia. Ele dizia: "O propósito do aprendizado é servir." Essa visão reflete a conexão indissolúvel entre o desenvolvimento intelectual e a responsabilidade social, onde a sabedoria adquirida se torna um instrumento para o bem coletivo.

Historicamente, o confucionismo influenciou profundamente as práticas educacionais na China e em outras regiões da Ásia Oriental. Durante as dinastias Han e Song, por exemplo, a educação confucionista enfatizava não apenas o domínio técnico, mas também o cultivo de um intelecto alinhado com virtudes morais. Esse enfoque criou uma tradição onde o estudo e o serviço público estavam interligados, formando líderes que exemplificavam a sabedoria prática e ética.

O desenvolvimento intelectual no confucionismo também reconhece os desafios que acompanham o aprendizado. A distração, o egoísmo e o desânimo são obstáculos que podem desviar o indivíduo do verdadeiro crescimento. Confúcio aconselhava perseverança diante dessas dificuldades, dizendo: "O homem superior não busca resultados rápidos; ele busca progresso constante." Essa paciência reforça que o desenvolvimento intelectual é uma jornada, e não um destino.

Na era moderna, o confucionismo oferece insights valiosos sobre como equilibrar o vasto acesso à informação com a necessidade de pensamento crítico e discernimento. Em um mundo saturado por dados, o desenvolvimento intelectual confucionista nos lembra de que a profundidade é mais importante do que a quantidade. Ele nos desafia a refletir sobre o que aprendemos, aplicar esse aprendizado de forma ética e permanecer abertos ao crescimento contínuo.

O desenvolvimento intelectual também tem relevância em áreas como liderança, educação e inovação. Líderes que praticam o aprendizado contínuo são mais capazes de se adaptar a mudanças e tomar decisões informadas. Educadores que incorporam os princípios confucionistas criam ambientes de aprendizado que valorizam tanto o conhecimento quanto o caráter. Inovadores que combinam intelecto com responsabilidade social contribuem para soluções que beneficiam a humanidade.

Além disso, o desenvolvimento intelectual no confucionismo não é limitado ao domínio acadêmico. Ele inclui o aprendizado das experiências da vida, a sabedoria transmitida pelas gerações anteriores e a reflexão sobre os desafios e triunfos pessoais. Essa abordagem abrangente promove um intelecto que não é apenas brilhante, mas também compassivo e profundamente humano.

Confúcio nos inspira com sua visão de que o desenvolvimento intelectual é um compromisso contínuo com a excelência. Ele dizia: "O homem superior busca o aprendizado como um rio que flui: constante e adaptável, sempre se renovando." Essa metáfora nos encoraja a ver o intelecto como uma fonte inesgotável de crescimento, que enriquece não apenas nossas vidas, mas também o mundo ao nosso redor.

O desenvolvimento intelectual, como ensinado pelo confucionismo, é um convite para viver com propósito e clareza. Ele nos desafia a cultivar uma mente ativa, um coração aberto e uma vontade firme de usar nosso aprendizado para criar harmonia e progresso. É um caminho que combina conhecimento e virtude, transformando o indivíduo em um farol de sabedoria e integridade.

Capítulo 30
Formação Integral

A formação integral no confucionismo é a convergência de aspectos morais, intelectuais e espirituais que moldam o indivíduo como um ser completo. É a busca pelo equilíbrio entre a prática ética, o desenvolvimento intelectual e o cultivo da harmonia interna. Essa abordagem holística transcende a aquisição de conhecimento ou a simples prática das virtudes, promovendo uma integração profunda entre o que se é, o que se faz e como se contribui para o bem coletivo.

No pensamento confucionista, a formação integral começa no nível pessoal, com o autocultivo. Confúcio dizia: "Governar a si mesmo é o fundamento para governar os outros." Esse princípio reflete a importância de alinhar pensamentos, palavras e ações antes de influenciar o mundo exterior. O processo de formação integral é, portanto, uma jornada interna de alinhamento e autoconhecimento, que se reflete nas interações com o próximo e na relação com a sociedade.

A base dessa formação está nas virtudes fundamentais do confucionismo: *Ren* (humanidade), *Yi* (justiça), *Li* (propriedade ritual), *Xin* (integridade) e *Zhi* (sabedoria). Essas virtudes, quando cultivadas de maneira integrada, formam um caráter equilibrado e harmonioso. Confúcio ensinava que nenhuma virtude isolada é suficiente; elas precisam interagir de maneira complementar, orientando tanto a conduta individual quanto as responsabilidades sociais.

A formação integral também requer a harmonização entre o cultivo interno e a ação externa. Para Confúcio, o aprendizado e a reflexão interna devem sempre se traduzir em contribuições tangíveis para a sociedade. Ele dizia: "O homem superior se aperfeiçoa para melhorar o mundo." Esse equilíbrio reflete a visão confucionista de que a formação pessoal não é um objetivo individualista, mas um meio de criar um impacto positivo no coletivo.

Os rituais (*Li*) desempenham um papel essencial nesse processo. Eles são práticas que conectam o indivíduo ao coletivo, promovendo a disciplina pessoal e a harmonia social. Participar de rituais com sinceridade e intenção é uma forma de alinhar o comportamento com valores éticos, reforçando o senso de pertencimento e responsabilidade dentro da comunidade.

Outro elemento central na formação integral é o desenvolvimento da sabedoria prática. Confúcio valorizava o aprendizado aplicado, enfatizando que o conhecimento só tem valor quando orienta decisões e ações éticas. Ele dizia: "A sabedoria está em saber o que é certo e agir de acordo." Essa perspectiva sublinha que a formação integral não é apenas contemplativa, mas ativa, transformando os ideais em realidade.

A harmonia interior também é um componente essencial da formação integral. Confúcio acreditava que um indivíduo equilibrado internamente é mais capaz de contribuir para a harmonia externa. Ele dizia: "Aqueles que cultivam a paz dentro de si espalham paz ao seu redor." Essa conexão entre o interno e o externo reflete a visão confucionista de que o bem-estar pessoal é inseparável do bem-estar coletivo.

Historicamente, a formação integral no confucionismo influenciou profundamente a educação e a governança na China e além. Durante a dinastia Song, por exemplo, o neoconfucionismo de Zhu Xi enfatizou a importância do cultivo das virtudes e da integração entre aprendizado intelectual e práticas espirituais. Essa abordagem criou uma tradição onde líderes e cidadãos eram formados não apenas para serem competentes, mas também para serem éticos e harmônicos.

A formação integral no confucionismo também reconhece os desafios desse processo. O egoísmo, a impaciência e a desconexão podem dificultar o alinhamento entre os diferentes aspectos do ser. Confúcio ensinava que a prática constante é essencial para superar esses obstáculos. Ele dizia: "A virtude cresce como uma árvore: lentamente, mas com raízes profundas." Essa analogia nos encoraja a adotar uma abordagem paciente e persistente para o autocultivo e a formação integral.

No mundo contemporâneo, a formação integral oferece uma perspectiva valiosa para enfrentar os desafios de uma sociedade cada vez mais fragmentada. Ela nos convida a ver o indivíduo como um todo, integrando valores éticos, habilidades práticas e equilíbrio emocional. Essa visão holística é especialmente relevante em áreas como liderança, educação e bem-estar social, onde a integração de diferentes dimensões do ser pode gerar mudanças significativas.

Por exemplo, em liderança, a formação integral ajuda a criar líderes que não apenas tomam decisões eficazes, mas que também inspiram confiança e promovem a justiça. Na educação, ela enfatiza a importância de formar alunos que são intelectualmente capazes, moralmente conscientes e emocionalmente resilientes. No campo do bem-estar social, a formação integral oferece uma abordagem que conecta o cuidado individual com a responsabilidade coletiva.

Além disso, a formação integral no confucionismo pode ser adaptada para a vida cotidiana. Ela nos convida a refletir sobre como equilibramos nossas responsabilidades pessoais e sociais, como integramos aprendizado e ação, e como cultivamos harmonia interna para lidar com os desafios externos. Essa abordagem prática torna a formação integral acessível a todos, independentemente do contexto ou das circunstâncias.

Confúcio nos inspira com sua visão de que a formação integral é um caminho para a plenitude. Ele dizia: "O homem superior não busca a perfeição, mas o equilíbrio." Essa sabedoria nos lembra de que a formação integral não é sobre alcançar um ideal inatingível, mas sobre alinhar nossas diferentes dimensões de maneira que criem harmonia e propósito em nossas vidas.

A formação integral, como ensinada pelo confucionismo, é um convite para viver de forma consciente e equilibrada. Ela nos desafia a integrar o aprendizado, a ética e a espiritualidade, criando um ser que é não apenas completo, mas também conectado ao mundo ao seu redor. É uma jornada que transforma o indivíduo em um agente de harmonia, tanto em sua própria vida quanto na sociedade.

Capítulo 31
Exemplo Moral

O exemplo moral ocupa um lugar central na filosofia confucionista, manifestando-se como a prática visível de virtudes que transcendem palavras e se tornam ações. Confúcio acreditava que o poder transformador do exemplo era essencial para a construção de sociedades harmoniosas e líderes íntegros, reconhecendo que atos concretos têm uma capacidade inigualável de moldar comportamentos e inspirar mudanças profundas.

Desde tempos antigos, a humanidade busca orientação em líderes, mestres e mentores que exemplifiquem os ideais mais elevados. Para Confúcio, essa expectativa não era apenas uma escolha, mas uma responsabilidade moral inerente àqueles que assumem papéis de liderança e influência. Ele ensinava: "A conduta do homem superior é o vento; a conduta do povo comum, a grama. Quando o vento sopra, a grama se inclina." Essa metáfora poderosa reflete a convicção de que o exemplo de líderes virtuosos molda as ações e atitudes das pessoas ao seu redor.

Na prática confucionista, o exemplo moral começa no domínio pessoal. Um indivíduo deve alinhar seu caráter, ações e intenções antes de influenciar os outros. Essa coerência interna é considerada a fundação sobre a qual o verdadeiro exemplo moral é construído. Confúcio advertia que a hipocrisia era o maior inimigo dessa virtude, e que liderar com palavras sem ações é como "lançar uma rede sem cordas".

O cultivo de um exemplo moral requer um processo contínuo de autoconsciência e autocorreção. Para Confúcio, essa prática não era um exercício isolado, mas um compromisso diário com a integridade e a justiça. Ele ensinava que um líder ou mentor deve ser capaz de "praticar o que prega" e, ao mesmo tempo, reconhecer seus próprios erros e esforçar-se para corrigi-los. Essa humildade em aperfeiçoar-se fortalece a legitimidade do exemplo moral e inspira confiança nos outros.

Na vida comunitária, o impacto do exemplo moral é ainda mais evidente. Confúcio acreditava que os líderes exemplares criam um efeito dominó de virtudes, que se propaga pelas camadas sociais. Um governante que governa com justiça inspira governados a agir com responsabilidade; um professor que ensina com paciência e respeito inculca os mesmos valores em seus alunos; um pai ou mãe que pratica a piedade filial e o cuidado promove a harmonia no lar e na sociedade.

A força do exemplo moral, no entanto, não se limita a papéis formais de liderança. Confúcio defendia que qualquer pessoa, independentemente de sua posição, tem a capacidade de exercer uma influência positiva por meio de suas ações. Ele ensinava que o simples ato de viver de acordo com princípios éticos pode iluminar o caminho para aqueles que o observam. Assim, o exemplo moral é uma força democrática no confucionismo, acessível a todos que se dedicam ao autocultivo.

Historicamente, as dinastias chinesas reconheceram o valor do exemplo moral como ferramenta de governança. Governantes confucionistas eram incentivados a modelar as virtudes que desejavam ver em seus súditos. Essa abordagem contrastava com o legalismo, que se baseava em punições severas e leis rigorosas. Em vez disso, o confucionismo propunha que a virtude do governante eliminava a necessidade de coerção, criando uma ordem natural baseada na confiança e no respeito mútuo.

Exemplos históricos de líderes que personificaram o ideal confucionista incluem o imperador Taizong da dinastia Tang, conhecido por sua humildade e compromisso com o bem-estar do povo. Ele frequentemente consultava conselheiros e aceitava críticas construtivas, demonstrando que o verdadeiro poder reside na virtude e na sabedoria. Sua liderança exemplar influenciou uma era de prosperidade e estabilidade, ilustrando o impacto duradouro do exemplo moral.

Na educação, Confúcio defendia que professores eram os primeiros exemplos morais para seus alunos. Ele via o ensino como um ato sagrado, no qual o professor deve incorporar as virtudes que deseja transmitir. Assim, a aprendizagem no confucionismo não era apenas intelectual, mas também moral e emocional, promovida pela presença inspiradora do educador.

O exemplo moral também desempenha um papel crucial na dinâmica familiar. Confúcio valorizava o conceito de piedade filial (*Xiao*), enfatizando que os pais devem modelar virtudes para seus filhos, criando lares onde o respeito, a empatia e a responsabilidade são praticados diariamente. O impacto desse exemplo transcende o ambiente doméstico, influenciando as futuras gerações e moldando a sociedade como um todo.

Em tempos modernos, o exemplo moral continua sendo um princípio vital, especialmente em contextos de liderança política, educacional e empresarial. Líderes que incorporam honestidade, empatia e compromisso com o bem comum destacam-se como faróis de esperança em um mundo frequentemente marcado por desconfiança e divisões. O exemplo moral confucionista oferece uma base sólida para enfrentar desafios éticos e sociais contemporâneos, incentivando a integridade em todas as esferas da vida.

No entanto, o exemplo moral também é desafiador, exigindo consistência em um mundo de pressões e complexidades. Confúcio reconhecia que o caminho da virtude não é fácil, mas sustentava que o esforço constante é o que diferencia o homem superior do comum. Ele dizia: "O homem superior exige muito de si mesmo; o homem comum exige muito dos outros." Essa máxima reforça a ideia de que o exemplo moral começa com a responsabilidade individual.

Ao final, o exemplo moral no confucionismo é um ato de serviço à humanidade. Ele transcende o ego e se conecta ao ideal de criar um mundo onde a harmonia e a justiça prevaleçam. Confúcio nos lembra que as ações falam mais alto que as palavras e que a verdadeira liderança não é um título, mas um compromisso com o bem-estar coletivo.

Essa visão confucionista nos convida a refletir sobre nossas próprias vidas. Como nossas ações influenciam aqueles ao nosso redor? Estamos alinhando nossos valores com nossas práticas? O exemplo moral não é um destino, mas uma jornada contínua, uma prática diária que ilumina o caminho para uma sociedade mais ética e harmoniosa.

Capítulo 32
Sabedoria Aplicada

A sabedoria, no confucionismo, não é um tesouro abstrato guardado em livros ou palavras, mas uma força viva que permeia as decisões diárias, iluminando o caminho entre o certo e o errado, o harmônico e o desordenado. Através dela, o conhecimento adquire propósito, moldando ações que promovem o bem-estar individual e coletivo. Na prática confucionista, a sabedoria é inseparável da virtude, pois só encontra sua plena expressão quando alinhada à moralidade.

Confúcio ensinava que a sabedoria não nasce apenas da reflexão, mas da experiência que se acumula ao longo do tempo e da capacidade de aprender com cada situação. Ele dizia: "O homem que comete um erro e não o corrige está cometendo outro erro." Esse princípio reforça a ideia de que a sabedoria aplicada não teme falhas, mas as utiliza como oportunidades para crescer e melhorar.

No confucionismo, a sabedoria aplicada é vista como a ponte entre a teoria e a prática. Confúcio enfatizava que o conhecimento, quando não é transformado em ação, permanece estéril. Ele advertia contra aqueles que acumulam conhecimento, mas falham em usá-lo para beneficiar a si mesmos e aos outros. Para ele, a verdadeira sabedoria é dinâmica, adaptando-se às circunstâncias e resolvendo os dilemas da vida com compaixão, justiça e equilíbrio.

A sabedoria aplicada requer atenção plena às complexidades da vida e aos contextos únicos de cada situação. Confúcio frequentemente comparava a vida a uma melodia, onde cada nota – cada escolha – deve estar em harmonia com o todo.

Ele afirmava que, ao alinhar nossas decisões com os princípios éticos e com a busca pela harmonia, somos capazes de criar um fluxo natural que beneficia tanto o indivíduo quanto a sociedade.

Um exemplo clássico da sabedoria aplicada pode ser encontrado nas interações humanas. Confúcio ensinava que um líder sábio não deve agir com impulsividade ou autoritarismo, mas sim buscar compreender as necessidades e perspectivas de seu povo. Ele dizia: "Ouça muito, selecione o melhor e siga; veja muito, compreenda o que é justo e pratique-o." Essa abordagem reflete a importância de equilibrar a empatia com o discernimento, princípios que moldam a tomada de decisões sensatas.

No ambiente familiar, a sabedoria aplicada manifesta-se em ações que reforçam os laços entre os membros. Pais sábios não apenas instruem, mas demonstram as virtudes que desejam cultivar nos filhos. Por outro lado, filhos que buscam a sabedoria aprendem a respeitar os ensinamentos de seus pais, enquanto exercem seu julgamento com maturidade. Assim, a família torna-se um microcosmo onde a sabedoria aplicada floresce, influenciando a sociedade como um todo.

Na esfera comunitária, a sabedoria aplicada é crucial para resolver conflitos e promover a cooperação. Confúcio enfatizava a importância de buscar soluções que não apenas respeitem os interesses individuais, mas que também beneficiem o coletivo. Ele dizia: "Aquele que busca o bem dos outros já encontrou o seu próprio." Essa máxima encapsula o espírito do confucionismo, onde a sabedoria não se limita ao ganho pessoal, mas expande-se para criar harmonia e justiça.

A prática da sabedoria confucionista é inseparável do conceito de autocultivo. A reflexão constante sobre pensamentos e ações é um passo essencial para alinhar as intenções com os resultados. Confúcio recomendava o hábito diário de revisar o próprio comportamento, perguntando: "Fui fiel às minhas promessas? Fui honesto e justo em minhas ações? Contribuí para o bem-estar de outros?" Essa prática de autoavaliação não apenas fortalece a virtude, mas também aprimora a capacidade de aplicar a sabedoria em contextos diversos.

Historicamente, a sabedoria aplicada foi um pilar da governança confucionista. Durante as dinastias Han e Tang, governantes inspirados pelos ensinamentos de Confúcio empregaram a sabedoria para criar políticas que equilibravam as necessidades do povo com a estabilidade do Estado. Eles compreendiam que a verdadeira liderança requer não apenas conhecimento técnico, mas também uma profunda conexão com os valores éticos e uma visão clara do bem comum.

Um exemplo notável é o imperador Wen da dinastia Han, que governou com um foco implacável na simplicidade e no cuidado com seu povo. Ele reduziu impostos, incentivou a agricultura e estabeleceu políticas que aliviavam o sofrimento dos mais pobres. Sua liderança exemplifica a sabedoria aplicada, onde decisões informadas por princípios confucionistas geraram prosperidade e harmonia.

No contexto moderno, a sabedoria aplicada continua sendo relevante. Na era da globalização e da complexidade social, o confucionismo oferece um guia valioso para navegar dilemas éticos e desafios interpessoais. Seja no ambiente corporativo, onde líderes devem equilibrar lucro e responsabilidade social, ou na vida cotidiana, onde as escolhas pessoais afetam o bem-estar coletivo, os princípios confucionistas permanecem aplicáveis.

A tecnologia, por exemplo, é um campo onde a sabedoria aplicada pode desempenhar um papel transformador. Em um mundo de inovações rápidas e consequências imprevisíveis, o confucionismo incentiva o uso ético da tecnologia para melhorar a vida humana, ao invés de perpetuar desigualdades ou danos ambientais. A sabedoria aplicada aqui significa alinhar o progresso técnico com valores universais, como justiça, compaixão e responsabilidade.

Confúcio nos lembra que a sabedoria não é um estado alcançado, mas um processo contínuo de aprendizado e adaptação. Ele dizia: "Aquele que se recusa a avançar está retrocedendo." Assim, o cultivo da sabedoria requer coragem para enfrentar desafios, humildade para aprender com erros e perseverança para crescer.

Ao longo da vida, cada decisão, por menor que seja, oferece uma oportunidade para aplicar a sabedoria confucionista. Seja ao resolver um conflito familiar, tomar uma decisão no trabalho ou escolher entre interesses pessoais e o bem maior, a prática diária da sabedoria constrói uma fundação sólida para a harmonia e a prosperidade.

A sabedoria aplicada, como concebida por Confúcio, transcende eras e contextos. Ela nos convida a olhar além das aparências, a compreender profundamente as complexidades da vida e a agir com integridade. Mais do que um ideal distante, ela é uma prática viva, presente em cada momento, esperando para ser descoberta e aplicada com propósito e paixão.

Capítulo 33
Política Virtuosa

No confucionismo, a política virtuosa emerge como a união entre a moralidade individual e o dever público. Esse ideal não é simplesmente uma proposta filosófica, mas uma diretriz prática para a construção de um governo harmonioso, onde o bem comum é a prioridade absoluta. Confúcio ensinava que o governante deveria ser um exemplo de virtude, pois sua conduta moldaria não apenas as ações de seus subordinados, mas também o caráter de toda a sociedade.

O fundamento da política virtuosa reside na crença de que a estabilidade e a prosperidade de um Estado dependem da integridade de seus líderes. Confúcio afirmava: "Se você liderar o povo com leis e regulamentos, eles evitarão o castigo, mas não terão vergonha de fazer o mal. Se você liderá-los pela virtude e retidão, eles terão vergonha de errar e, assim, corrigirão a si mesmos." Essa máxima ilustra como o confucionismo valoriza a liderança moral como ferramenta para inspirar o comportamento virtuoso nas massas.

A virtude, no contexto político, é representada principalmente pelo conceito de Ren, a humanidade ou benevolência. O governante virtuoso age com empatia, considerando o bem-estar de todos os seus súditos, especialmente dos mais vulneráveis. Ele reconhece que sua posição de poder é uma responsabilidade sagrada, e não um privilégio para exploração pessoal. A benevolência governa suas decisões, guiando-o na busca de justiça e equilíbrio em todos os aspectos da administração.

Além da benevolência, a justiça (Yi) é um pilar central da política virtuosa. Um governante confucionista deve ser imparcial, tomando decisões baseadas no que é certo, em vez de ceder a interesses egoístas ou pressões externas. Confúcio advertia que a corrupção moral no topo da hierarquia inevitavelmente levaria à decadência de todo o sistema político. Assim, a justiça deve ser a luz que guia o Estado, garantindo que as leis sejam aplicadas com equidade e que a integridade prevaleça sobre a ganância e o favoritismo.

O confucionismo também enfatiza o papel dos rituais (Li) na manutenção da ordem política. Os rituais não são meras formalidades, mas práticas que reforçam a hierarquia, a disciplina e o respeito mútuo dentro do governo. Eles ajudam a criar um ambiente onde as interações entre líderes e liderados são regidas pela cortesia e pela reverência às tradições, fortalecendo os laços que sustentam a estabilidade social.

Historicamente, os ideais de política virtuosa encontraram expressão em dinastias chinesas como a Han e a Tang, onde muitos governantes adotaram os ensinamentos confucionistas como base para suas administrações. Um exemplo marcante é o imperador Taizong da dinastia Tang, que buscou aconselhamento de estudiosos confucionistas para governar com sabedoria e justiça. Ele reconhecia que a harmonia social dependia não apenas de políticas eficazes, mas também de sua própria conduta como líder exemplar.

A meritocracia, um princípio central do confucionismo, também desempenha um papel crucial na política virtuosa. Confúcio acreditava que o governo deveria ser liderado pelos mais capazes, e não por aqueles que herdaram posições de poder ou buscavam vantagens pessoais. Essa visão levou ao estabelecimento do sistema de exames imperiais na China, onde os candidatos eram avaliados com base em seu conhecimento dos clássicos confucionistas e em sua capacidade de governar com virtude.

No entanto, a política virtuosa não se limita ao governante. Ela exige a participação ativa e responsável de toda a sociedade.

Confúcio destacava a importância do autocultivo para os cidadãos, pois somente indivíduos moralmente desenvolvidos poderiam apoiar e sustentar um governo virtuoso. Ele dizia: "Quando o governante é justo, o povo o seguirá sem precisar de ordens. Quando ele é injusto, o povo não o seguirá, mesmo que receba ordens."

Esse princípio estabelece um ciclo virtuoso entre governantes e governados, onde ambos compartilham a responsabilidade pela manutenção da harmonia. Quando os líderes governam com virtude, eles inspiram os cidadãos a agir de forma ética e a contribuir para o bem-estar coletivo. Por outro lado, cidadãos virtuosos fortalecem o governo, promovendo a ordem e a justiça através de suas ações cotidianas.

No confucionismo, a política virtuosa também se estende às relações internacionais. Confúcio defendia que os Estados deveriam interagir com base no respeito mútuo e na busca pela paz, em vez de se engajarem em conflitos desnecessários. Ele ensinava que um Estado forte e virtuoso poderia inspirar seus vizinhos a adotar práticas semelhantes, criando uma rede de nações que coexistem harmoniosamente.

No entanto, a implementação da política virtuosa enfrenta desafios significativos, especialmente em tempos de instabilidade ou corrupção. Confúcio estava ciente dessas dificuldades e enfatizava a necessidade de líderes resilientes e comprometidos, que estivessem dispostos a resistir às tentações do poder e às pressões externas. Ele acreditava que a educação e o autocultivo eram ferramentas essenciais para preparar esses líderes, garantindo que eles permanecessem firmes em seus princípios, mesmo diante de adversidades.

No mundo contemporâneo, os ideais de política virtuosa ainda têm relevância, oferecendo uma alternativa ética em meio às complexidades e tensões da política moderna. Líderes em posições de poder podem aprender com os ensinamentos confucionistas, integrando virtude e justiça em suas decisões. Por exemplo, a ênfase no bem comum e na responsabilidade social pode servir como guia em questões como desigualdade, mudanças climáticas e governança global.

A política virtuosa, conforme concebida por Confúcio, não é apenas um modelo utópico, mas um chamado à ação. Ela nos lembra que o verdadeiro poder não reside na força ou no medo, mas na capacidade de inspirar confiança, respeito e cooperação. Ao buscar a virtude em todos os aspectos da governança, os líderes não apenas transformam suas nações, mas também contribuem para a construção de um mundo mais harmonioso e justo.

Assim, a política virtuosa transcende fronteiras e gerações, afirmando que a liderança moral e a busca pela harmonia são valores universais. Ela convida cada líder, cada cidadão e cada comunidade a refletir sobre seu papel na criação de uma sociedade mais equilibrada e compassiva, onde a virtude governa não apenas a política, mas a própria essência da vida.

Capítulo 34
Liderança Moral

No âmago do confucionismo, a liderança moral não é apenas um ideal, mas uma exigência essencial para a estabilidade e o progresso da sociedade. Essa forma de liderança transcende o exercício do poder político; é um chamado à responsabilidade ética que inspira e molda a conduta de todos os indivíduos sob sua influência. Para Confúcio, um líder moral não apenas governa, mas guia, não apenas legisla, mas educa através de seu exemplo.

A liderança moral começa com o autocultivo. Confúcio ensinava que a virtude do governante era o elemento mais importante para determinar a saúde do Estado. Um líder que pratica o Ren (humanidade) e o Yi (justiça) é como um polo magnético que atrai as pessoas para a harmonia. Ele não precisa impor regras severas ou punições; sua presença e conduta virtuosa são suficientes para inspirar o respeito e a lealdade de seus súditos.

No confucionismo, a moralidade não é uma característica superficial, mas um reflexo do caráter profundamente arraigado do líder. Confúcio dizia: "Aquele que governa a si mesmo governará os outros. Aquele que não consegue corrigir a si mesmo, como poderá corrigir os outros?" Essa afirmação destaca que a liderança moral não pode ser simulada ou falsificada. Ela é o resultado de um compromisso contínuo com o autocultivo e a prática constante da virtude.

Um elemento central da liderança moral é a capacidade de alinhar palavras e ações. Para Confúcio, a integridade (Xin) era fundamental para um líder. O governante deve ser honesto e confiável, mantendo suas promessas e cumprindo suas responsabilidades sem falhas. Essa coerência entre discurso e prática cria confiança entre o líder e os governados, fortalecendo os laços sociais que sustentam o equilíbrio da comunidade.

A liderança moral também envolve uma visão clara do bem comum. O governante virtuoso não age em benefício próprio, mas trabalha incessantemente para promover o bem-estar coletivo. Ele reconhece que seu poder é uma ferramenta para servir aos outros, e não uma oportunidade para acumular riqueza ou prestígio. Essa visão altruísta é o que distingue a liderança moral da tirania ou da manipulação política.

Confúcio enfatizava a importância do Li (ritual) como um meio de reforçar a liderança moral. Os rituais não apenas mantêm a ordem social, mas também simbolizam a conexão entre o governante e o Céu (Tian), que, no confucionismo, é a fonte suprema de autoridade moral. Ao observar os rituais com sinceridade e reverência, o líder demonstra seu compromisso com a ordem cósmica e sua responsabilidade perante seus súditos.

A educação é outro pilar da liderança moral. Para Confúcio, um líder deve ser um eterno estudante, sempre buscando expandir seu conhecimento e refinar sua compreensão do mundo. Ele também deve servir como educador, transmitindo os valores e princípios confucionistas às gerações futuras. Através do ensino e do aprendizado, a liderança moral perpetua uma cultura de virtude e sabedoria que transcende seu tempo.

Exemplos históricos ilustram a eficácia da liderança moral confucionista. Durante a dinastia Han, o imperador Wen é frequentemente lembrado como um modelo de governante virtuoso. Ele era conhecido por sua humildade, sua devoção ao bem-estar de seu povo e sua rejeição ao luxo excessivo. Sob seu governo, a China experimentou um período de estabilidade e prosperidade, um testemunho do poder transformador da liderança moral.

Ao mesmo tempo, o confucionismo não ignora os desafios que a liderança moral enfrenta. Em períodos de instabilidade ou corrupção, os princípios morais podem ser facilmente comprometidos. Confúcio advertia que a tentação do poder e do interesse próprio é uma ameaça constante, e somente aqueles que cultivam consistentemente sua virtude podem resistir a essas forças corrosivas.

A liderança moral também exige coragem. Um governante virtuoso frequentemente se depara com decisões difíceis que desafiam interesses poderosos ou prejudicam sua popularidade a curto prazo. No entanto, ele permanece firme em seus princípios, sabendo que seu dever é servir ao bem maior, mesmo que isso exija sacrifício pessoal.

No mundo contemporâneo, os ensinamentos confucionistas sobre liderança moral continuam a oferecer insights valiosos. Em um cenário global marcado por crises políticas, desigualdade e desconfiança pública, a ênfase confucionista na integridade, no altruísmo e na educação oferece uma base sólida para reconstruir a confiança na liderança.

Por exemplo, líderes empresariais podem aplicar esses princípios ao promover a responsabilidade social corporativa e ao priorizar o bem-estar de seus funcionários e comunidades acima do lucro. Governantes podem usar a liderança moral como uma estrutura para criar políticas justas e inclusivas, baseadas no respeito à dignidade humana e na busca pela harmonia social.

A liderança moral também transcende as fronteiras da política e da economia. Em comunidades locais, escolas e até mesmo famílias, os princípios confucionistas podem inspirar indivíduos a se tornarem exemplos de virtude e responsabilidade. Quando cada pessoa assume o papel de líder moral em sua esfera de influência, o impacto coletivo pode transformar sociedades inteiras.

O confucionismo nos lembra que a verdadeira liderança não se mede pela força ou pelo poder, mas pela capacidade de inspirar os outros a alcançar seu potencial mais elevado. Um líder moral, ao exemplificar os valores de humanidade, justiça, respeito e sabedoria, se torna uma força unificadora, trazendo equilíbrio e propósito a todos aqueles que estão sob sua orientação.

Assim, a liderança moral não é apenas um conceito filosófico, mas uma prática viva e transformadora. É um lembrete de que, em um mundo frequentemente dominado por interesses egoístas e conflitos, a virtude ainda pode ser a força mais poderosa para guiar a humanidade em direção a um futuro mais harmonioso e próspero.

Capítulo 35
Ordem Social

No centro do pensamento confucionista está a compreensão de que a ordem social é a base indispensável para uma sociedade funcional e harmoniosa. Esta ordem, no entanto, não surge espontaneamente, mas é o resultado de uma estrutura cuidadosamente delineada de responsabilidades, deveres e relações humanas, que se entrelaçam em uma rede de interdependência moral e prática. Para Confúcio, uma sociedade bem-ordenada reflete a ordem natural do universo, e é papel dos indivíduos, guiados pela virtude, alinhar suas vidas a esse equilíbrio.

A ordem social, segundo o confucionismo, fundamenta-se na hierarquia. Esta hierarquia, no entanto, não se trata de mera imposição de poder ou dominação, mas de um sistema de papéis e responsabilidades que cada indivíduo desempenha em relação aos outros. Confúcio delineou as chamadas *Cinco Relações Fundamentais* (*Wu Lun*): entre governante e súdito, pai e filho, marido e esposa, irmão mais velho e irmão mais novo, e entre amigos. Cada uma dessas relações define expectativas claras de comportamento, estabelecendo padrões de conduta que asseguram a estabilidade e a harmonia.

A relação entre governante e súdito é vista como a espinha dorsal da sociedade confucionista. O governante, como um modelo de virtude, deve governar com justiça (*Yi*) e humanidade (*Ren*), garantindo o bem-estar de seus súditos. Em troca, espera-se que os súditos demonstrem lealdade e respeito, reconhecendo o esforço moral de seu líder. Esse vínculo mútuo reforça não apenas a autoridade legítima, mas também a confiança necessária para sustentar a ordem social.

A hierarquia familiar, por sua vez, é uma microcosmo da sociedade como um todo. A relação entre pai e filho, baseada na prática de *Xiao* (piedade filial), exemplifica o dever de cuidado, respeito e aprendizado. Para Confúcio, a família é a base de toda a ordem social; se a harmonia familiar for alcançada, ela se expandirá naturalmente para a sociedade em geral. Assim, o comportamento correto nas relações familiares torna-se a pedra angular para o desenvolvimento de um cidadão virtuoso.

A relação entre marido e esposa, no confucionismo clássico, era vista como complementar. Embora frequentemente interpretada como hierárquica, essa relação também reconhecia a importância da cooperação e do respeito mútuo para alcançar a harmonia doméstica. A ênfase confucionista estava menos na subordinação unilateral e mais na construção de uma parceria que refletisse valores éticos e compromisso com o bem-estar familiar.

As relações entre irmãos e amigos destacam a importância da igualdade relativa e da reciprocidade. Enquanto o irmão mais velho deve agir como guia e exemplo, o irmão mais novo demonstra respeito e aprendizado. Da mesma forma, a amizade confucionista é fundada no respeito mútuo e na busca por virtude compartilhada, ilustrando como relações horizontais também desempenham um papel crítico na manutenção da ordem social.

No entanto, Confúcio compreendia que a ordem social não poderia ser sustentada apenas por normas e papéis pré-definidos. O elemento chave para o funcionamento de qualquer sociedade era o cultivo moral de seus membros. A virtude individual não apenas reforça as relações sociais, mas serve como um exemplo que inspira outros a seguirem o mesmo caminho.

A prática dos rituais (*Li*) desempenha um papel central na manutenção dessa ordem. Os rituais não apenas formalizam as interações sociais, mas também inculcam valores e criam um senso de continuidade com o passado. Eles conectam o indivíduo com a comunidade e o universo, reforçando a harmonia que sustenta tanto a vida social quanto a ordem cósmica.

Os textos confucionistas também reconhecem os desafios inerentes à manutenção da ordem social. A desigualdade, os conflitos de interesse e as ambições egoístas são forças que podem perturbar o equilíbrio. Por essa razão, Confúcio e seus sucessores enfatizaram a necessidade de educação moral como um meio de prevenir essas rupturas. A educação não é apenas uma ferramenta para adquirir conhecimento, mas um processo para refinar o caráter e alinhar os indivíduos com os princípios da virtude.

Na prática, a ordem social confucionista foi amplamente influenciada pela meritocracia, especialmente durante a dinastia Han e posteriormente na dinastia Song. O sistema de exames imperiais, por exemplo, foi concebido para selecionar líderes e administradores com base em seu conhecimento e compreensão dos textos confucionistas, ao invés de privilégios de nascimento. Isso refletia a ideia de que a virtude e a competência eram os critérios mais importantes para o serviço público, sustentando a legitimidade da estrutura social.

Ainda assim, a ordem social confucionista enfrentou críticas e adaptações ao longo da história. As hierarquias, quando mal interpretadas ou mal aplicadas, poderiam se transformar em sistemas opressivos, exacerbando desigualdades e restringindo a mobilidade social. Reformadores e estudiosos como Wang Yangming argumentaram que o confucionismo deveria ser reinterpretado para enfatizar a igualdade intrínseca e o potencial de todos os indivíduos para alcançar a virtude, independentemente de seu status social.

Hoje, os princípios confucionistas de ordem social continuam a oferecer insights relevantes. Em um mundo marcado por desigualdades crescentes, tensões culturais e fragmentação social, o confucionismo nos lembra do poder das relações interpessoais como alicerces para uma convivência pacífica. A noção de que os líderes devem servir como modelos de virtude e que a harmonia começa nas famílias e comunidades é um chamado universal que transcende culturas e épocas.

Além disso, a ênfase confucionista na educação moral como base para a cidadania responsável pode ser adaptada para enfrentar os desafios modernos. A integração de valores éticos no sistema educacional e o fortalecimento de laços comunitários podem ajudar a reconstruir a confiança e a coesão em sociedades divididas.

Assim, a ordem social no confucionismo não é uma construção estática ou autoritária, mas uma expressão dinâmica de virtude, equilíbrio e responsabilidade compartilhada. Ela exige o esforço contínuo de cada indivíduo para cultivar a si mesmo e contribuir para o bem-estar coletivo. Por meio dessa visão holística e harmoniosa, o confucionismo oferece não apenas um modelo de sociedade, mas uma filosofia de vida que inspira a transformação pessoal e coletiva.

Capítulo 36
Administração Pública

No coração da visão confucionista, a administração pública é mais do que a simples gestão de um estado ou a aplicação de regras. Ela é a manifestação prática de uma ordem moral fundamentada na virtude, nos rituais e na busca constante pela harmonia entre governantes e governados. Para Confúcio e seus sucessores, a política não era um jogo de poder ou manipulação, mas uma extensão da ética, onde cada ação administrativa deveria refletir os valores de justiça, compaixão e integridade.

A administração pública, segundo o confucionismo, começa com a figura do governante. Este não é apenas um líder político, mas também um modelo de virtude e sabedoria. Confúcio acreditava firmemente que o estado de uma nação era um reflexo direto do caráter moral de seu líder. Assim, o governante deve praticar o autocultivo e agir de acordo com os princípios do *Ren* (humanidade) e do *Yi* (justiça), tornando-se uma fonte de inspiração para seus súditos. Um líder virtuoso, dizia Confúcio, pode governar sem recorrer à força, pois sua conduta exemplar será suficiente para orientar e unificar o povo.

Essa visão moral da liderança encontra sua expressão prática nos rituais (*Li*), que desempenham um papel central na administração pública confucionista. Os rituais, embora frequentemente associados a cerimônias religiosas, possuem um significado mais amplo no contexto administrativo. Eles abrangem protocolos, tradições e práticas que garantem a ordem, a estabilidade e a continuidade na governança. O cumprimento rigoroso dos rituais não apenas reforça o respeito às instituições, mas também simboliza o compromisso do governante com a ordem cósmica e social.

A meritocracia, um pilar fundamental da administração confucionista, é outra característica distintiva. Diferentemente de sistemas baseados em hereditariedade ou privilégios de nascimento, o confucionismo defende que os cargos públicos devem ser ocupados por aqueles que demonstram conhecimento, virtude e competência. Durante a dinastia Han, essa ideia se consolidou por meio do sistema de exames imperiais, que exigia que os candidatos estudassem profundamente os textos confucionistas e demonstrassem sua compreensão dos princípios éticos e administrativos.

O sistema de exames foi mais do que um mecanismo de seleção. Ele também funcionava como uma ferramenta de uniformização cultural, garantindo que os administradores compartilhassem um conjunto comum de valores e ideias. Essa abordagem, embora rigorosa, visava criar um corpo de funcionários públicos comprometidos com os ideais de justiça, lealdade e serviço ao bem comum.

Outro aspecto central da administração pública confucionista é a ênfase na descentralização responsável. Embora o governante supremo seja a figura moral e política central, as responsabilidades são delegadas a administradores locais, que atuam como intermediários entre o governo central e as comunidades. Essa estrutura exige que cada nível de governança pratique os mesmos princípios éticos e mantenha uma comunicação clara e respeitosa com os outros. A eficácia dessa abordagem depende do equilíbrio entre autoridade e responsabilidade, garantindo que as ações sejam guiadas pelo bem-estar coletivo, e não por interesses pessoais ou ambições políticas.

A justiça, como ideal supremo, permeia todas as esferas da administração pública confucionista. Confúcio enfatizava que a justiça não deve ser apenas um conceito abstrato, mas uma prática ativa que protege os mais vulneráveis e promove a equidade. Para ele, um estado que falha em proteger seu povo perde sua legitimidade. A administração, portanto, deve estar atenta às necessidades dos cidadãos e empenhada em corrigir injustiças, criando uma sociedade onde todos tenham oportunidades iguais de prosperar.

Embora idealista, o confucionismo também reconhecia os desafios práticos da administração. Textos como os *Analetos* e o *Livro dos Documentos* discutem questões como corrupção, abusos de poder e ineficiência administrativa. Esses problemas, segundo Confúcio, só podem ser resolvidos por meio do cultivo moral contínuo e da supervisão rigorosa. Funcionários públicos que demonstram comportamento corrupto ou incompetente devem ser afastados, não apenas para preservar a eficiência administrativa, mas também para proteger a integridade moral do estado.

A comunicação entre governantes e governados é outro elemento essencial. No confucionismo, o governante não deve ser uma figura distante ou inacessível, mas alguém que compreende as preocupações e as aspirações de seu povo. Isso exige a criação de canais para o diálogo e a participação, onde as vozes dos cidadãos possam ser ouvidas e levadas em consideração nas decisões políticas. A administração pública, assim, torna-se uma ponte entre as necessidades individuais e o bem-estar coletivo.

Historicamente, a administração confucionista influenciou profundamente a estrutura política da China e de outros países do Leste Asiático. Sua ênfase na meritocracia e na justiça inspirou sistemas administrativos que, embora imperfeitos, buscaram equilibrar poder e responsabilidade. Ao mesmo tempo, o modelo confucionista enfrentou críticas e adaptações ao longo dos séculos. Em períodos de centralização excessiva ou de negligência moral por parte dos governantes, os princípios confucionistas foram distorcidos ou ignorados, resultando em desigualdades e instabilidade.

No mundo contemporâneo, os ideais confucionistas de administração pública continuam a oferecer lições valiosas. A ênfase na ética e na virtude como fundamentos da governança ressoa em debates sobre liderança responsável e integridade no setor público. Em um contexto global marcado por crises de confiança nas instituições, o confucionismo propõe uma abordagem que combina responsabilidade moral com eficiência prática, enfatizando a importância do exemplo pessoal e do compromisso com o bem comum.

Além disso, a meritocracia confucionista, embora idealizada, destaca a necessidade de sistemas justos e transparentes de seleção de líderes e administradores. A ideia de que a competência deve prevalecer sobre privilégios de classe ou conexões pessoais continua sendo um princípio relevante para a construção de governos eficazes e legítimos.

Por fim, a visão confucionista de administração pública transcende as divisões políticas e culturais, oferecendo uma perspectiva universal sobre a arte de governar. Ela nos lembra que a verdadeira liderança não reside apenas no domínio técnico ou na habilidade política, mas na capacidade de inspirar confiança, promover a justiça e alinhar as ações humanas com os princípios eternos de harmonia e virtude. Essa visão, embora enraizada no passado, mantém sua relevância, desafiando-nos a imaginar e construir uma administração pública que sirva verdadeiramente ao bem-estar de todos.

Capítulo 37
Bem Comum

No âmago do pensamento confucionista, o conceito de bem comum emerge como um princípio organizador que transcende os interesses individuais ou particularistas. Ele é a força motriz que orienta governantes, administradores e cidadãos em direção à criação de uma sociedade harmoniosa e próspera. Para Confúcio, o bem comum não é uma abstração distante, mas uma realidade tangível que se manifesta nas ações cotidianas, na ética da liderança e na estrutura das relações sociais.

A busca pelo bem comum começa com a compreensão de que o indivíduo e a coletividade estão intrinsecamente ligados. No confucionismo, a sociedade é vista como um organismo vivo, onde cada membro desempenha um papel essencial para o funcionamento do todo. O governante, como guia moral e político, assume a responsabilidade de estabelecer condições que favoreçam o florescimento de todos os cidadãos. Essa liderança, no entanto, não é autoritária; ela se baseia no exemplo virtuoso e na prática contínua de valores como justiça, benevolência e retidão.

O bem comum, sob a perspectiva confucionista, está enraizado no conceito de harmonia (*He*). A harmonia não implica uniformidade, mas sim o equilíbrio dinâmico entre forças diversas. Assim como em uma orquestra, cada indivíduo contribui com sua parte para criar uma sinfonia coletiva, onde os interesses individuais são integrados ao bem maior. Essa visão contrasta com ideologias que promovem a competição desenfreada ou o egoísmo como motores do progresso. Para Confúcio, o verdadeiro progresso só pode ser alcançado quando todos têm a oportunidade de participar e prosperar.

No nível político, o bem comum é promovido por meio de uma governança que combina justiça (*Yi*) com humanidade (*Ren*). A justiça assegura que as leis sejam aplicadas de maneira equitativa, enquanto a humanidade garante que as decisões sejam tomadas com compaixão e empatia. Um governante que incorpora essas virtudes inspira confiança e lealdade entre os cidadãos, criando uma base sólida para a estabilidade social. A corrupção, por outro lado, é vista como uma ameaça direta ao bem comum, pois mina a confiança nas instituições e perpetua desigualdades.

A educação desempenha um papel central na construção do bem comum. Para Confúcio, o aprendizado não é apenas um meio de adquirir conhecimento técnico, mas uma ferramenta para o cultivo moral e a capacitação dos indivíduos para contribuírem positivamente para a sociedade. A formação de cidadãos éticos e conscientes é essencial para o funcionamento de uma sociedade orientada pelo bem comum. Nesse sentido, a educação deve ser acessível a todos, independentemente de sua origem social, promovendo a igualdade de oportunidades e a coesão social.

O papel dos rituais (*Li*) na promoção do bem comum também não pode ser subestimado. Os rituais, ao regular as interações sociais e reforçar os valores coletivos, criam uma estrutura simbólica que une os indivíduos em torno de um propósito compartilhado. Desde cerimônias familiares até eventos públicos, os rituais fortalecem os laços sociais e ajudam a preservar a ordem e a continuidade dentro da comunidade.

A economia, embora raramente abordada diretamente nos textos confucionistas, é implicitamente considerada uma dimensão vital do bem comum. Confúcio enfatizava a importância de assegurar que todos os cidadãos tivessem acesso aos recursos necessários para uma vida digna. A distribuição justa da riqueza e a promoção do bem-estar material são responsabilidades fundamentais do estado e de seus líderes. Uma economia que concentra riquezas em poucas mãos, negligenciando os mais vulneráveis, é incompatível com os ideais confucionistas.

O bem comum também está ligado à responsabilidade individual. No confucionismo, cada pessoa é chamada a cultivar suas virtudes e a contribuir para a comunidade de maneira significativa. O autocultivo não é um objetivo isolado, mas uma preparação para o serviço à sociedade. Assim, o compromisso com o bem comum começa em casa, com o cuidado e o respeito mútuo dentro da família, e se estende para além dela, abrangendo todas as relações humanas.

Historicamente, os ideais confucionistas de bem comum encontraram expressão em diversas práticas governamentais e sociais. Durante a dinastia Han, por exemplo, o estado confucionista buscou implementar políticas que promoviam a estabilidade social e o alívio da pobreza, como sistemas de armazenamento de grãos para evitar a fome em tempos de escassez. Embora nem sempre perfeitos, esses esforços refletem o compromisso confucionista de alinhar as ações governamentais com as necessidades do povo.

Contudo, o bem comum também enfrenta desafios. A tentação de colocar interesses pessoais ou de grupos acima do coletivo é uma constante na história humana. O confucionismo responde a esses desafios reafirmando a importância da virtude e da responsabilidade moral. A corrupção, o nepotismo e a exploração são vistos não apenas como falhas éticas, mas como violações graves do princípio do bem comum.

No mundo contemporâneo, o conceito confucionista de bem comum oferece insights valiosos para enfrentar questões globais. Problemas como desigualdade econômica, mudanças climáticas e crises de governança requerem abordagens que transcendam interesses individuais ou nacionais. O confucionismo, com sua ênfase na harmonia e na responsabilidade coletiva, sugere que as soluções para esses desafios devem ser guiadas por uma visão compartilhada de bem-estar humano e ambiental.

A sustentabilidade, em particular, é um campo onde o confucionismo pode oferecer uma contribuição significativa. A ideia de viver em harmonia com a ordem natural (*Tian*) ressoa profundamente com os princípios da sustentabilidade ecológica. A busca pelo bem comum, nesse contexto, envolve não apenas o bem-estar imediato das gerações presentes, mas também o cuidado e a preservação dos recursos para as gerações futuras.

Além disso, a ênfase confucionista no diálogo e na cooperação como meios para alcançar o bem comum é especialmente relevante em um mundo marcado por divisões políticas e culturais. A construção de pontes entre diferentes grupos e nações, baseada no respeito mútuo e na busca compartilhada pela harmonia, reflete a essência do confucionismo e oferece uma alternativa às narrativas de conflito e competição.

Por fim, o bem comum no confucionismo não é uma meta estática, mas um processo contínuo de cultivo e aperfeiçoamento. Ele exige esforço constante, reflexão profunda e uma dedicação inabalável aos valores éticos. Ao reconhecer que cada indivíduo e cada ação contribuem para o todo, o confucionismo nos convida a reimaginar nossa relação com os outros e com o mundo, criando uma sociedade onde o bem de todos é, verdadeiramente, o bem de cada um.

Capítulo 38
Justiça Governamental

No coração da administração confucionista, a justiça governa como um princípio imutável, essencial para a estabilidade e a legitimidade do poder. Em um mundo onde o caos e o egoísmo frequentemente ameaçam os alicerces da sociedade, Confúcio e seus seguidores propuseram a justiça (*Yi*) como o alicerce sobre o qual todas as instituições deveriam ser construídas. Não como mera aplicação de leis, mas como uma manifestação ética que transcende regras escritas e alcança a moralidade intrínseca que deve guiar líderes e cidadãos.

A justiça governamental, segundo o confucionismo, começa pela figura do governante, que é visto como um modelo moral para seu povo. Um governante que age com retidão inspira confiança e respeito, e suas decisões se tornam um reflexo da ordem celestial (*Tian*). Essa conexão com o Céu não é uma imposição divina, mas uma responsabilidade ética de agir em benefício do coletivo, protegendo os vulneráveis e assegurando a equidade nas interações sociais e políticas.

A imparcialidade é um dos pilares da justiça confucionista. O governante deve estar acima de interesses pessoais ou de facções. Suas decisões precisam considerar o bem-estar de todos, especialmente daqueles que não têm voz nas esferas de poder. Esse ideal se opõe diretamente ao favoritismo, à corrupção e ao nepotismo, práticas que Confúcio e seus discípulos condenaram como corrosivas à ordem social. A justiça não pode ser negociada ou comprometida; ela é o fio condutor que mantém o tecido social intacto.

Na prática confucionista, a meritocracia surge como uma extensão natural da justiça. Um sistema de governo baseado no mérito reconhece habilidades e virtudes individuais, em vez de privilégios herdados ou conexões sociais. Essa ideia encontra expressão no sistema de exames imperiais que, por séculos, serviu como base para a seleção de funcionários públicos na China. Embora não perfeito, esse sistema representava um esforço para alinhar a administração pública aos ideais confucionistas de competência e integridade.

A justiça governamental também está profundamente conectada à noção de equilíbrio. Um governante sábio entende que decisões extremas ou arbitrárias podem desestabilizar a sociedade. Ele deve agir como um mediador, equilibrando as necessidades conflitantes de diferentes grupos e indivíduos. Essa busca por equilíbrio não é passiva, mas exige uma compreensão ativa das dinâmicas sociais, políticas e econômicas que moldam a vida de seu povo.

O confucionismo também enfatiza a importância da transparência na administração da justiça. Os processos de tomada de decisão devem ser claros e compreensíveis, permitindo que o povo veja e confie na imparcialidade de seu governo. A opacidade, por outro lado, gera desconfiança e ressentimento, enfraquecendo a legitimidade do governante. Transparência, nesse contexto, não significa apenas abertura de informações, mas também um compromisso em agir de forma honesta e consistente com os valores éticos.

Outro aspecto crucial da justiça confucionista é o papel da punição. Embora Confúcio enfatizasse a educação e o exemplo moral como ferramentas primárias para moldar o comportamento, ele reconhecia a necessidade de punições justas em casos onde as normas eram violadas. No entanto, essas punições deveriam ser proporcionais e aplicadas com humanidade. O objetivo nunca era a retribuição, mas a restauração da ordem e o aprendizado do infrator.

Historicamente, muitos governantes tentaram implementar os princípios de justiça confucionista em seus regimes, com graus variados de sucesso. Durante a dinastia Tang, por exemplo, foi estabelecido um código legal que combinava elementos punitivos com orientações éticas, refletindo a influência confucionista na legislação. Este código não apenas punia atos criminosos, mas também promovia virtudes, destacando o papel da lei como uma ferramenta para a educação moral.

Contudo, os desafios à justiça governamental não são novos. A corrupção, em todas as suas formas, é talvez o inimigo mais persistente da justiça. O confucionismo reconhece isso e coloca grande ênfase no autocultivo moral dos líderes. Um governante que não consegue governar a si mesmo, que é escravizado por seus desejos ou ambições, não pode aspirar a governar outros com justiça. Assim, a reforma moral dos líderes é vista como um pré-requisito para a reforma social e política.

Além disso, a justiça confucionista é intrinsecamente ligada à ideia de compaixão. O governante deve considerar as circunstâncias e intenções por trás das ações de seu povo. Essa abordagem rejeita um sistema de justiça rígido e mecanicista, substituindo-o por uma visão mais humana e contextualizada. A compaixão, no entanto, não deve ser confundida com indulgência. Ela exige discernimento e uma compreensão profunda da complexidade humana.

No mundo contemporâneo, o ideal confucionista de justiça governamental oferece lições valiosas. Em um tempo de crescente desigualdade e desconfiança nas instituições, os princípios de imparcialidade, transparência e compaixão permanecem tão relevantes quanto eram nos dias de Confúcio. Sistemas de governança que priorizam o bem coletivo, em vez de interesses pessoais ou corporativos, têm maior probabilidade de promover a estabilidade e o progresso.

O confucionismo também nos lembra que a justiça começa no nível individual. Cada pessoa, seja líder ou cidadão comum, tem a responsabilidade de agir com integridade e retidão. Ao cultivar essas virtudes em nossas próprias vidas, contribuímos para a criação de uma sociedade mais justa e harmoniosa.

Por fim, a justiça governamental no confucionismo é mais do que um ideal abstrato; é uma prática viva que exige esforço constante e vigilância. Ela é sustentada pela convicção de que a justiça não é apenas um atributo do governo, mas a expressão da ordem moral universal. Ao buscar a justiça, os governantes não apenas asseguram o bem-estar de seus povos, mas também alinham suas ações com os princípios mais elevados do Céu e da Terra.

Capítulo 39
Harmonia Política

Na base de uma sociedade próspera e funcional está a harmonia política, um conceito que o confucionismo eleva a um nível quase transcendental. Não se trata de mera ausência de conflitos, mas de um equilíbrio dinâmico entre interesses diversos, onde cada indivíduo e grupo encontra seu lugar dentro de uma ordem maior. A harmonia política, para Confúcio, é um reflexo direto da ordem natural do universo, uma manifestação tangível da virtude, da liderança ética e da justiça.

No pensamento confucionista, a harmonia política é alcançada quando líderes e cidadãos desempenham seus papéis de maneira alinhada às virtudes e responsabilidades inerentes a cada posição. O governante, como modelo supremo de moralidade, deve liderar com retidão e compaixão. Sua virtude não é apenas um atributo pessoal, mas uma força que inspira confiança e lealdade, influenciando toda a estrutura da sociedade.

Esse ideal repousa sobre a ideia de reciprocidade. Governantes virtuosos têm o dever de cuidar de seus súditos, assegurando seu bem-estar físico e espiritual. Em troca, os cidadãos devem demonstrar respeito, obediência e apoio às autoridades. Essa relação simbiótica é a chave para uma governança estável, onde os governados sentem-se protegidos e os líderes são legitimados pela virtude e pelo mérito, não pela força ou pela imposição.

O equilíbrio entre centralização e descentralização também desempenha um papel importante na harmonia política. Confúcio reconhecia que um governo central forte era essencial para manter a ordem, mas enfatizava que o poder central não deveria sufocar as iniciativas locais. Os líderes locais, por sua vez, precisavam agir como extensões do governante, refletindo seus valores e assegurando que as políticas fossem implementadas de maneira justa e eficaz.

A comunicação é outro elemento essencial. Em uma sociedade confucionista ideal, o diálogo entre governantes e governados é fluido, baseado no respeito mútuo e na busca pelo entendimento. A escuta atenta e o discurso ponderado são virtudes tanto de líderes quanto de cidadãos. Quando os governantes se mostram abertos às necessidades e preocupações de seu povo, eles fortalecem os laços de confiança e criam um ambiente propício para a cooperação.

O confucionismo também vê a harmonia política como um processo contínuo de ajuste. Diferentes grupos dentro da sociedade podem ter interesses conflitantes, mas o governante virtuoso deve agir como um mediador, buscando soluções que beneficiem o coletivo. Esse processo exige discernimento e sabedoria, pois não se trata de agradar a todos indiscriminadamente, mas de tomar decisões que respeitem os princípios de justiça e equidade.

Outro aspecto central da harmonia política é a prevenção de conflitos através do cultivo moral. Confúcio acreditava que muitos dos problemas sociais e políticos poderiam ser evitados se as pessoas fossem educadas em virtude e autocontrole desde cedo. A educação confucionista não apenas forma cidadãos conscientes de seus deveres, mas também líderes capacitados para governar com sabedoria e compaixão.

Historicamente, a harmonia política foi testada em momentos de crise, quando a ordem social parecia prestes a ruir. Durante a dinastia Han, por exemplo, os ideais confucionistas foram usados para reconciliar disputas internas e promover uma governança mais unificada. No entanto, o fracasso em alcançar ou manter a harmonia frequentemente resultava em instabilidade, demonstrando a importância prática dos ensinamentos confucionistas nesse contexto.

A corrupção e o favoritismo são inimigos naturais da harmonia política. Quando líderes abusam de seu poder para promover interesses pessoais ou de facções, eles rompem o equilíbrio delicado que sustenta a sociedade. Confúcio advertia contra essas práticas, insistindo que o governante deve ser um exemplo de integridade, resistindo às tentações do poder e agindo sempre em prol do bem comum.

Além disso, a harmonia política requer que os governantes reconheçam e respeitem a diversidade dentro de suas comunidades. Embora o confucionismo enfatize a unidade e a ordem, ele também valoriza as contribuições únicas de diferentes grupos e indivíduos. A verdadeira harmonia não é a uniformidade, mas a integração de diferenças em um sistema coerente e funcional.

No mundo moderno, o ideal de harmonia política continua sendo uma meta aspiracional, especialmente em sociedades marcadas por polarização e divisões. A busca confucionista pela harmonia oferece uma abordagem que prioriza a cooperação sobre o confronto, a compaixão sobre o egoísmo e o bem-estar coletivo sobre ganhos individuais. Governantes que adotam esses princípios têm maior probabilidade de promover a paz e o progresso.

As lições de harmonia política também são aplicáveis em níveis menores, como comunidades locais e organizações. A ideia de que líderes devem agir com virtude e respeito é universal, aplicando-se a todos os contextos onde decisões afetam o bem-estar de outras pessoas.

Em última análise, a harmonia política é tanto um estado quanto um processo. Ela exige vigilância constante, comprometimento ético e disposição para aprender e se adaptar. A visão confucionista nos desafia a enxergar a política não como um campo de disputas e interesses, mas como uma oportunidade para criar um mundo mais justo, equilibrado e humano. Essa visão permanece tão relevante hoje quanto nos dias de Confúcio, um testemunho de sua profundidade e sabedoria atemporais.

Capítulo 40
Reforma Social

A essência do confucionismo repousa na crença de que a sociedade é um reflexo do caráter moral de seus indivíduos e de seus governantes. A reforma social, portanto, não se limita a mudanças estruturais, mas se fundamenta na transformação interior de cada pessoa e na construção de uma ordem ética que une a comunidade em torno de valores compartilhados. Este é um processo contínuo, uma busca incansável por harmonia e justiça em meio às complexidades da existência humana.

A transformação social, no pensamento confucionista, começa no indivíduo. Confúcio via o autocultivo como o primeiro passo essencial para qualquer mudança significativa. Uma pessoa virtuosa, que pratica Ren (humanidade) e Yi (justiça), torna-se não apenas um modelo para sua família e comunidade, mas também um catalisador para um efeito mais amplo. Esse princípio, muitas vezes resumido na ideia de que a reforma começa em casa, ilustra a interconexão entre o desenvolvimento pessoal e o bem-estar coletivo.

No entanto, a verdadeira reforma social não pode ocorrer sem líderes que personifiquem as virtudes confucionistas. Governantes e administradores são instados a liderar com compaixão, sabedoria e uma dedicação inabalável ao bem comum. Eles não devem impor mudanças através da força ou da coerção, mas inspirar a adesão voluntária por meio de seu caráter exemplar. O governante ideal é aquele cuja conduta se alinha tão profundamente aos valores éticos que ele se torna uma figura de reverência natural, atraindo a lealdade e a confiança do povo.

No nível estrutural, o confucionismo enfatiza a importância de corrigir injustiças e desigualdades que corroem a harmonia social. Sistemas políticos e econômicos devem ser reformados para refletir os princípios de equidade e justiça. Isso inclui assegurar que os mais vulneráveis tenham acesso aos recursos necessários para viver com dignidade e que os poderosos usem sua posição para beneficiar o coletivo, e não para promover interesses egoístas.

A educação desempenha um papel central nesse processo. Confúcio acreditava que o aprendizado é uma ferramenta poderosa para moldar mentes e corações, e, por extensão, transformar sociedades inteiras. Uma população educada é mais capaz de compreender e praticar os valores essenciais que sustentam uma sociedade justa. Além disso, a educação confucionista busca cultivar não apenas habilidades práticas, mas também um senso profundo de responsabilidade moral, preparando indivíduos para serem agentes de mudança em seus contextos sociais.

A implementação de rituais (Li) também é crucial para a reforma social. Mais do que meras formalidades, os rituais são veículos para reforçar os valores e a ordem que sustentam a sociedade. Eles criam um senso de pertencimento e continuidade, conectando os indivíduos a suas comunidades e ao passado, enquanto orientam suas ações para o futuro. Por meio dos rituais, a transformação social torna-se uma experiência compartilhada, ancorada na tradição e na aspiração coletiva.

A reforma social no confucionismo também exige um reconhecimento das tensões e conflitos inerentes à convivência humana. Confúcio não era ingênuo quanto às dificuldades de implementar mudanças significativas em uma sociedade marcada por interesses divergentes. Ele acreditava que a mediação ética e o diálogo constante são ferramentas indispensáveis para reconciliar diferenças e criar um ambiente de cooperação.

Historicamente, os ideais confucionistas de reforma social foram postos em prática em diversos contextos, como durante a dinastia Han, quando o confucionismo foi adotado como a base moral do governo. Reformas educacionais, políticas de redistribuição de terras e sistemas de mérito baseados no conhecimento dos clássicos confucionistas exemplificam como seus princípios podem ser aplicados para lidar com problemas concretos.

Contudo, a história também revela os desafios de manter a integridade desses ideais em meio às pressões do poder e das circunstâncias. Quando líderes falharam em incorporar plenamente as virtudes confucionistas, os esforços de reforma social frequentemente resultaram em desigualdade ou corrupção. Esses exemplos reforçam a importância da vigilância moral e do compromisso constante com os valores centrais do confucionismo.

No contexto contemporâneo, a visão confucionista de reforma social oferece insights valiosos para abordar questões como desigualdade, exclusão social e degradação ambiental. Os princípios de responsabilidade coletiva, respeito mútuo e liderança ética continuam a ser relevantes em um mundo globalizado, onde os desafios transcendem fronteiras.

A reforma social no espírito confucionista não é um evento único, mas um processo contínuo que exige a participação de todos os membros da sociedade. Cada indivíduo, ao cultivar virtudes em si mesmo e praticá-las em suas interações, contribui para a criação de uma ordem social mais justa e harmoniosa. Governantes, por sua vez, têm o dever de garantir que as estruturas e políticas sociais reflitam esses valores, criando as condições necessárias para que todos possam florescer.

No coração da reforma social confucionista está a crença inabalável na perfectibilidade humana. Embora a natureza humana seja imperfeita, ela é também infinitamente maleável e capaz de grande bondade. Este otimismo fundamental é o que torna a visão confucionista tão poderosa: ela nos lembra que, por meio da virtude e do esforço contínuo, é possível transformar não apenas a nós mesmos, mas também o mundo ao nosso redor.

Capítulo 41
Rituais Práticos

No âmago do confucionismo, os rituais (Li) são pilares que sustentam a ordem social, moldam o caráter individual e harmonizam as relações humanas. Eles não são meras formalidades, mas pontes que conectam o mundo material ao espiritual, unindo o indivíduo à comunidade e ao cosmos. Esses rituais, ao mesmo tempo cotidianos e sagrados, delineiam um caminho de autocultivo e reforçam os laços invisíveis que entrelaçam o passado, o presente e o futuro.

Na esfera familiar, os rituais confucionistas expressam valores como respeito, gratidão e responsabilidade mútua. A veneração aos ancestrais, por exemplo, transcende o ato de oferecer incenso ou alimentos. É uma celebração da continuidade, um reconhecimento de que cada indivíduo é parte de uma linhagem que moldou o presente e que orientará o futuro. Ao realizar esses rituais, os descendentes reafirmam seu compromisso com as virtudes familiares, enquanto conectam suas ações cotidianas aos ensinamentos transmitidos pelas gerações passadas.

Nos contextos sociais, os rituais permeiam as interações humanas, desde as mais simples até as mais complexas. Eles orientam os gestos, as palavras e até os silêncios, criando uma coreografia de respeito e decoro. A saudação humilde, a postura ao ouvir um idoso ou superior, e os gestos de gratidão em encontros sociais ilustram como esses rituais promovem uma convivência harmoniosa. O Li, ao enfatizar a etiqueta e a formalidade, confere significado a cada interação, transformando o ordinário em extraordinário.

Na esfera governamental, os rituais desempenham um papel ainda mais profundo. Eles não apenas legitimam a autoridade dos governantes, mas também os lembram de suas responsabilidades éticas. Cerimônias públicas, como as realizadas em templos ou diante de altares ancestrais, funcionam como lembretes visíveis do pacto entre os líderes e o povo, assim como entre os líderes e o Céu (Tian). Essas práticas, ao sublinhar a importância da virtude e do exemplo moral, estabelecem uma base sólida para uma liderança justa e compassiva.

Embora os rituais sejam frequentemente associados a tradições antigas, eles permanecem profundamente relevantes no mundo contemporâneo. Adaptados às realidades modernas, os rituais podem ser incorporados a eventos familiares, celebrações culturais e até práticas profissionais, fortalecendo a coesão social e reafirmando os valores universais do respeito e da reciprocidade. Um exemplo disso é a prática de momentos de reflexão antes de reuniões importantes ou celebrações, uma adaptação que honra os princípios confucionistas em um cenário atual.

O aspecto prático dos rituais reside em sua capacidade de estruturar a vida diária. Eles fornecem uma ordem tangível em meio ao caos potencial das atividades humanas, orientando o comportamento de maneira que promova a harmonia e a virtude. Seja ao organizar uma cerimônia ou ao seguir um protocolo social, os rituais conferem significado a ações que, de outra forma, poderiam parecer banais. Eles nos lembram de que cada ato, por mais simples que seja, pode se tornar um reflexo de nossos valores mais profundos.

A profundidade dos rituais confucionistas também reside em sua função pedagógica. Eles ensinam a virtude não por meio de discursos ou mandamentos, mas por meio da prática. Ao participar de um ritual, os indivíduos internalizam as virtudes de respeito, paciência e humildade. Mais do que um aprendizado intelectual, trata-se de uma experiência visceral, que transforma o coração e a mente. Os jovens, ao observarem os mais velhos, aprendem não apenas o que fazer, mas também como e por que fazer.

Historicamente, os rituais confucionistas desempenharam um papel central na organização da sociedade chinesa. Eles foram codificados e transmitidos ao longo de séculos, refletindo a importância atribuída à continuidade e à estabilidade. Contudo, essa ênfase na tradição nunca foi rígida. Os mestres confucionistas entendiam que os rituais devem evoluir com o tempo, ajustando-se às mudanças nas circunstâncias sociais e culturais. Este dinamismo assegura que os rituais permaneçam relevantes e significativos, mesmo em contextos radicalmente diferentes.

Os desafios da modernidade, como a urbanização e a globalização, têm colocado os rituais confucionistas em novos contextos. Em meio a uma crescente desconexão social, os rituais oferecem um antídoto contra a alienação. Eles criam espaços para encontros genuínos e reforçam o senso de pertencimento, mesmo em ambientes urbanos ou multiculturais. Reuniões familiares, cerimônias públicas e até práticas corporativas podem incorporar elementos dos rituais confucionistas, demonstrando como valores ancestrais podem se integrar à vida moderna.

Por fim, os rituais confucionistas nos convidam a refletir sobre nosso lugar no mundo. Eles nos lembram de que somos simultaneamente indivíduos únicos e partes de um todo maior. Ao realizar os rituais, transcendemos nossas preocupações imediatas e nos alinhamos com uma ordem cósmica que nos conecta uns aos outros e ao universo. Este alinhamento não é apenas um ideal filosófico, mas uma prática diária que transforma nossas vidas e nossas comunidades.

Os rituais, portanto, não são meramente acessórios à vida confucionista; eles são sua essência. São a manifestação tangível dos valores mais profundos do confucionismo, um lembrete de que a virtude e a harmonia não são conceitos abstratos, mas realidades que podem ser vividas e experimentadas. Ao adotar os rituais em suas vidas, os indivíduos tornam-se agentes da transformação social, perpetuando uma tradição que continua a iluminar o caminho para uma existência mais plena e harmoniosa.

Capítulo 42
Conduta Diária

Na vida cotidiana, onde os pequenos gestos se acumulam para moldar a essência do caráter, a filosofia confucionista encontra sua expressão mais íntima e transformadora. É nas ações diárias, frequentemente invisíveis aos olhos do mundo, que os princípios do confucionismo se manifestam em sua plenitude. A conduta diária não é apenas uma soma de comportamentos rotineiros, mas uma dança contínua entre virtude, autoconsciência e harmonia social.

O confucionismo ensina que não há separação entre o ato e a intenção. Cada ação, por mais simples que seja, carrega consigo o peso do autocultivo. Ao oferecer um sorriso sincero, ao ceder passagem a um idoso ou ao demonstrar paciência diante de um erro alheio, o indivíduo reflete o princípio do Ren (humanidade) e demonstra sua conexão com o ideal de benevolência que Confúcio tanto exaltava.

As interações familiares, muitas vezes subestimadas em sua profundidade, são um terreno fértil para a prática dos valores confucionistas. O respeito mútuo entre pais e filhos, por exemplo, não é apenas uma demonstração de etiqueta, mas um reflexo do Xiao (piedade filial). Este valor, central ao confucionismo, não se limita a honrar os pais, mas estende-se à preservação de suas virtudes e ensinamentos através das gerações. Cozinhar uma refeição com cuidado, ouvir atentamente uma história repetida inúmeras vezes ou simplesmente estar presente nos momentos de necessidade são exemplos cotidianos da prática do Xiao.

No ambiente de trabalho, a conduta diária confucionista se traduz em diligência, respeito hierárquico e integridade. A busca pela excelência no cumprimento das responsabilidades profissionais não é apenas um requisito técnico, mas uma expressão de Dé (virtude). Um líder que lidera pelo exemplo, tratando seus subordinados com justiça e consideração, encarna o espírito confucionista de liderança moral. Da mesma forma, o trabalhador que realiza suas tarefas com dedicação, mesmo sem supervisão, demonstra a integridade que sustenta uma comunidade ética.

Além das interações interpessoais, o confucionismo enfatiza a relação do indivíduo consigo mesmo. O autocultivo diário, guiado pela reflexão e pela disciplina, é uma prática que não pode ser negligenciada. O hábito de avaliar os próprios atos ao final do dia, buscando identificar falhas e áreas para melhoria, é um exercício confucionista essencial. Esta prática não busca a autocrítica severa, mas a compreensão gentil de que o progresso é contínuo e que a excelência moral é uma jornada sem fim.

A organização do tempo é outro aspecto da conduta diária confucionista. O dia deve ser estruturado de forma a equilibrar as responsabilidades externas e as necessidades internas. Confúcio acreditava que o tempo bem utilizado era uma manifestação de sabedoria prática. Dedicar-se ao estudo, ao trabalho, à família e ao repouso, sem negligenciar nenhuma dessas áreas, reflete a harmonia interior que o confucionismo valoriza.

Nas práticas sociais, os princípios confucionistas são igualmente aplicáveis. Participar de um evento comunitário com entusiasmo genuíno, ajudar um vizinho em dificuldades ou até mesmo manter uma postura respeitosa em locais públicos são demonstrações de Li (propriedade ritual). Não se trata apenas de seguir regras sociais, mas de compreender que cada interação é uma oportunidade para fortalecer os laços comunitários e promover a coesão social.

A alimentação, por mais mundana que pareça, também pode ser uma expressão do confucionismo. Preparar e compartilhar refeições com gratidão é um ato que transcende a nutrição física. É uma oportunidade para fortalecer conexões, refletir sobre os ciclos da natureza e honrar os esforços de todos os que contribuíram para colocar os alimentos à mesa. Esta atitude reflete a reverência pelo equilíbrio universal que permeia o pensamento confucionista.

Mesmo em situações adversas, a conduta diária confucionista mantém-se como um farol. Diante de conflitos, o autocontrole e a busca pela compreensão mútua são priorizados. Responder ao desrespeito com paciência, buscar o diálogo em vez do confronto e, acima de tudo, agir com integridade, são práticas que demonstram a profundidade do comprometimento com os ideais confucionistas.

O silêncio, frequentemente negligenciado em sua importância, também ocupa um lugar especial na conduta diária. Confúcio afirmava que o silêncio era uma virtude que permitia a reflexão e o aprendizado. Reservar momentos para a introspecção, longe do ruído externo, é uma prática que ajuda a alinhar pensamentos, emoções e ações com os princípios éticos.

No entanto, o confucionismo não busca perfeição inatingível. Ele reconhece a humanidade em suas imperfeições e enxerga nos erros uma oportunidade de crescimento. Quando um deslize ocorre, seja uma palavra impensada ou uma atitude egoísta, a resposta confucionista é o arrependimento genuíno seguido pela correção. Esta abordagem ensina que a verdadeira virtude não reside na ausência de falhas, mas na capacidade de aprender com elas e agir melhor no futuro.

À medida que o mundo moderno se torna mais acelerado e individualista, os ensinamentos confucionistas sobre a conduta diária oferecem um antídoto contra a desconexão e a superficialidade. Eles nos lembram de que cada dia é uma nova chance para praticar a virtude, fortalecer os laços sociais e encontrar significado em nossos atos mais simples.

A conduta diária, portanto, é o palco onde os princípios confucionistas deixam de ser abstrações filosóficas e se tornam realidade viva. É no esforço constante para agir com humanidade, justiça e respeito que o indivíduo se torna um reflexo dos ideais mais elevados do confucionismo. Seja em palavras, gestos ou pensamentos, a prática diária do confucionismo transforma a vida ordinária em um caminho extraordinário de autocultivo e harmonia.

Capítulo 43
Etiqueta Social

A etiqueta social, no coração do confucionismo, não é meramente uma coleção de gestos formais ou convenções rígidas. Ela emerge como uma manifestação tangível de virtudes que estruturam e fortalecem a harmonia coletiva. Para Confúcio, a etiqueta social transcende sua função prática, elevando-se como uma ponte entre o indivíduo e a ordem cósmica. Cada gesto, palavra e interação carregam consigo o potencial de alinhar o ser humano às virtudes universais, tecendo o tecido moral que sustenta as relações interpessoais e comunitárias.

A prática da etiqueta social no confucionismo está profundamente enraizada no conceito de **Li**, frequentemente traduzido como "propriedade ritual" ou "rituais". Embora Li inclua cerimônias tradicionais, também engloba as normas de conduta que permeiam o cotidiano. Esses rituais de comportamento são expressões de respeito, autocontrole e reconhecimento das responsabilidades mútuas. Não se trata apenas de regras externas, mas de um esforço consciente para criar um ambiente de convivência harmoniosa.

No contexto familiar, a etiqueta social é a base sobre a qual se constroem laços duradouros. As interações entre pais e filhos, irmãos e cônjuges são mediadas por normas que refletem os valores de respeito e consideração. O filho que se levanta ao entrar um idoso, que evita interrupções enquanto ouve os mais velhos ou que demonstra gratidão após uma refeição caseira está praticando os preceitos de Xiao e Ren através de gestos aparentemente simples. É na repetição disciplinada desses atos que se consolida a moralidade no seio familiar.

Entre amigos e vizinhos, a etiqueta social confucionista incentiva a gentileza e a empatia. Um cumprimento caloroso, um convite para compartilhar uma refeição ou o ato de oferecer ajuda a um vizinho em dificuldades são expressões de uma humanidade cultivada. Confúcio enfatizava que a amizade virtuosa deve ser baseada no respeito mútuo e no incentivo ao progresso moral, o que se reflete na forma como os indivíduos se tratam no dia a dia.

No ambiente profissional, a etiqueta social desempenha um papel central na criação de relações respeitosas e produtivas. A pontualidade, o uso de uma linguagem respeitosa e a disposição de ouvir opiniões divergentes refletem a aplicação prática de Li. Um chefe que reconhece o trabalho de seus subordinados, ou um colega que compartilha seus conhecimentos sem arrogância, demonstra o impacto positivo da etiqueta social no espaço de trabalho. Essas práticas fomentam um ambiente de colaboração e confiança, essencial para o sucesso coletivo.

O confucionismo também vê a etiqueta social como um reflexo da harmonia entre a individualidade e o coletivo. Ao participar de eventos comunitários, como festivais ou reuniões públicas, os indivíduos devem agir de forma que reforcem o bem-estar comum. O cumprimento das normas de comportamento, como ceder lugar aos mais necessitados ou falar com moderação em público, exemplifica como as ações individuais podem contribuir para a coesão social.

A linguagem ocupa um lugar especial dentro da etiqueta social confucionista. A escolha cuidadosa das palavras, o tom apropriado e a consideração pelas circunstâncias do interlocutor são características de uma comunicação ética. Confúcio dizia que o discurso deveria ser sincero e respeitoso, nunca usado para enganar ou humilhar. Palavras bondosas não apenas evitam conflitos, mas também promovem a confiança e a boa vontade nas relações humanas.

Outro aspecto crucial da etiqueta social é o vestuário e a postura. Embora as roupas possam parecer um detalhe superficial, elas são, no confucionismo, uma extensão do respeito ao próximo. Vestir-se de maneira adequada à ocasião e manter uma postura ereta, mas humilde, demonstra autocontrole e reverência. Essa atenção aos detalhes reforça a ideia de que as aparências externas devem refletir uma virtude interna.

Em situações de conflito, a etiqueta social serve como um guia para a resolução pacífica e digna. Evitar levantar a voz, ouvir atentamente o ponto de vista oposto e buscar soluções que beneficiem ambas as partes são exemplos de como o comportamento apropriado pode transformar tensões em oportunidades de reconciliação. A capacidade de manter a compostura em momentos de discórdia é uma virtude admirada no confucionismo, pois reflete um caráter bem-cultivado.

Para além das interações humanas, a etiqueta social confucionista também se estende ao relacionamento com o meio ambiente. Demonstrar respeito pela natureza, como evitar desperdícios e tratar os recursos naturais com cuidado, é visto como parte do alinhamento do indivíduo com a ordem universal. Esta perspectiva reforça a ideia de que a harmonia com o mundo natural é um reflexo da harmonia interna e social.

No entanto, a prática da etiqueta social no confucionismo não deve ser confundida com uma obediência cega a normas. Ela exige consciência e intenção. O gesto de cumprimentar alguém não é meramente uma formalidade, mas uma oportunidade para expressar genuíno respeito e apreço. Essa abordagem consciente transforma até os menores atos em expressões de virtude.

O confucionismo também reconhece que a etiqueta social deve evoluir com o tempo e o contexto. Embora as tradições sejam altamente valorizadas, é necessário adaptá-las às necessidades da sociedade contemporânea. Por exemplo, o uso de tecnologia na comunicação exige novas formas de etiqueta, como a cortesia nas interações online e o respeito pelo tempo dos outros ao enviar mensagens ou fazer chamadas.

Na educação, o ensino da etiqueta social é uma ferramenta poderosa para moldar o caráter das gerações futuras. As crianças que aprendem a importância do respeito, da pontualidade e da empatia desde cedo carregam esses valores para suas vidas adultas. Pais e professores, como modelos exemplares, desempenham um papel crucial nesse processo, mostrando que a etiqueta social é mais do que uma obrigação – é uma expressão de humanidade.

Por fim, a etiqueta social no confucionismo é mais do que um conjunto de regras. Ela é uma prática viva, que conecta o indivíduo à comunidade e ao cosmos. Em cada interação, seja ela grandiosa ou trivial, reside a oportunidade de cultivar a virtude e promover a harmonia. Ao integrar esses princípios na vida cotidiana, o confucionismo nos convida a transformar nossas relações e a nós mesmos, criando uma sociedade mais justa e compassiva.

Capítulo 44
Prática Moral

A prática moral no confucionismo emerge como um reflexo da busca contínua pela virtude, sendo o elo vital entre os princípios éticos e a ação concreta. Essa filosofia transcende o campo das ideias ao enfatizar que o comportamento diário deve ser uma extensão dos valores internos. Para Confúcio, a moralidade não se restringe à abstração teórica, mas se manifesta em escolhas reais e desafios cotidianos, onde cada decisão é uma oportunidade de moldar o caráter e promover a harmonia social.

No centro dessa prática está o conceito de **Ren**, a benevolência. Ren é a essência da humanidade, o princípio que conecta os indivíduos por meio de um profundo respeito e empatia mútua. Para aplicá-lo na vida diária, exige-se mais do que intenções: requer um compromisso ativo em tratar os outros com dignidade, mesmo em situações de conflito ou desacordo. O comerciante que age com honestidade, mesmo que isso comprometa temporariamente seus lucros, ou o líder que prioriza o bem-estar de sua comunidade sobre ambições pessoais, são exemplos concretos de Ren em ação.

O confucionismo destaca que a prática moral deve começar em casa. A relação entre pais e filhos, esposos e irmãos, é o laboratório inicial onde as virtudes são cultivadas. O conceito de **Xiao**, ou piedade filial, orienta que o respeito e o cuidado pelos pais não sejam meras obrigações, mas expressões sinceras de gratidão e amor. Assim, o filho que cuida dos pais idosos ou a filha que mantém viva a memória dos ancestrais em rituais familiares exemplifica como a moralidade se materializa nas dinâmicas familiares.

Além das relações familiares, o confucionismo enfatiza a importância de praticar a moralidade na esfera pública. A virtude de **Yi**, ou justiça, desempenha um papel crucial nesse contexto. Yi orienta que as ações sejam conduzidas pelo senso do que é certo, em vez de interesses pessoais ou conveniências. Em uma disputa por terra, por exemplo, aquele que cede uma parte de sua propriedade para preservar a paz demonstra a aplicação prática de Yi. A justiça confucionista é intrinsecamente ligada à ideia de integridade, pois somente os que permanecem fiéis aos seus princípios podem agir de forma verdadeiramente justa.

Outra dimensão essencial da prática moral no confucionismo é a observância dos rituais, ou **Li**. Esses rituais, que incluem tanto cerimônias formais quanto interações cotidianas, não são apenas tradições culturais, mas ferramentas para moldar o caráter e reforçar os valores sociais. O cumprimento dos rituais ensina disciplina, respeito e humildade. Quando alguém se curva diante de um altar ancestral ou expressa gratidão ao anfitrião de um jantar, está praticando Li de maneira a fortalecer os laços sociais e reafirmar seu papel na comunidade.

O confucionismo também alerta para os desafios na prática da moralidade. Uma das maiores dificuldades é o conflito entre os valores internos e as pressões externas. Um governante pode enfrentar dilemas entre agir com integridade e ceder às demandas de conselheiros corruptos. Nesses momentos, o autocultivo e a reflexão tornam-se indispensáveis. Confúcio enfatizava que apenas aqueles que continuamente cultivam suas virtudes podem permanecer firmes em face de tentações ou adversidades.

A prática moral não é uma jornada solitária. O confucionismo valoriza o aprendizado mútuo e o apoio coletivo como pilares do progresso ético. Os amigos, descritos como "espelhos" no Analetos, desempenham um papel fundamental nesse processo, pois oferecem críticas construtivas e incentivam a melhoria contínua. Um círculo de amizades virtuosas cria um ambiente onde a moralidade pode florescer, beneficiando não apenas os indivíduos, mas a sociedade como um todo.

Outro aspecto fascinante da prática moral confucionista é a ênfase na liderança exemplar. Os líderes, sejam eles governantes ou chefes de família, têm a responsabilidade de ser modelos vivos de virtude. Um líder que governa com **Dé** (virtude) inspira seus subordinados a agir com retidão, criando um efeito cascata de moralidade. Essa abordagem contrasta com a liderança baseada no medo ou na coerção, mostrando que a verdadeira autoridade nasce do respeito e da admiração.

No entanto, a prática moral confucionista não exige perfeição. Ao contrário, reconhece a falibilidade humana e valoriza o esforço constante em direção à melhoria. Errar não é um fracasso definitivo, mas uma oportunidade de aprendizado. O importante é que cada erro seja seguido por reflexão e ação corretiva, transformando as falhas em degraus para o progresso ético.

A prática moral também se manifesta na relação com o ambiente natural. Para o confucionismo, o respeito pela natureza reflete o alinhamento do ser humano com a ordem universal. Cuidar da terra, evitar o desperdício de recursos e valorizar a simplicidade são expressões de uma moralidade que transcende o âmbito humano, conectando o indivíduo ao cosmos.

Em tempos modernos, a prática moral confucionista continua a oferecer uma bússola ética para enfrentar desafios contemporâneos. Questões como desigualdade social, corrupção e mudanças climáticas exigem soluções que vão além de políticas públicas – demandam uma transformação nos valores e comportamentos individuais. O confucionismo nos lembra que cada escolha cotidiana, por menor que pareça, contribui para a construção de uma sociedade mais justa e harmoniosa.

Assim, a prática moral no confucionismo não é uma meta distante, mas um processo contínuo e acessível. Ela começa com pequenos atos – um cumprimento respeitoso, uma decisão justa, um gesto de gratidão – e se expande para influenciar famílias, comunidades e nações. Ao integrar os princípios confucionistas em nossas ações diárias, nos aproximamos da visão de Confúcio:

um mundo onde a virtude guia as relações humanas e a harmonia reina em todas as esferas da existência.

Capítulo 45
Cultivo Espiritual

O cultivo espiritual no confucionismo se desenha como uma jornada de reconexão com a essência humana e o universo ao qual pertence. Essa prática não é separada da vida cotidiana, mas está profundamente entrelaçada com as ações, pensamentos e aspirações do indivíduo. Para Confúcio, o espírito humano não se revela por meio de dogmas religiosos ou experiências místicas desconectadas da realidade, mas pela harmonização contínua entre o interior e o exterior, o individual e o coletivo, o terreno e o celestial.

No coração dessa filosofia está a ideia de **Tian**, o Céu, como uma força moral que governa a ordem universal. Tian não é apenas uma entidade distante ou uma abstração metafísica; é a base que conecta o ser humano ao cosmos e orienta sua existência em direção à virtude e ao equilíbrio. O cultivo espiritual, nesse contexto, começa com a consciência de que cada ação e pensamento deve alinhar-se com essa ordem universal, promovendo harmonia em todos os níveis da vida.

Uma das ferramentas mais importantes para esse alinhamento é a prática da **reflexão constante**. Confúcio ensinava que o autoconhecimento é o primeiro passo para o crescimento espiritual. Através da introspecção, o indivíduo é capaz de identificar suas falhas, corrigir suas atitudes e refinar sua conduta. Essa prática não é meramente intelectual, mas profundamente transformadora, pois exige coragem para confrontar verdades desconfortáveis e determinação para trilhar o caminho da virtude.

Outro elemento essencial do cultivo espiritual é o estudo dos **textos clássicos**. Obras como os Analetos, o Livro das

Mutações e o Livro dos Ritos não são apenas compilações de sabedoria, mas guias para uma vida moralmente significativa. Ao mergulhar nesses textos, o indivíduo não apenas absorve ensinamentos, mas também se conecta com a tradição e a herança espiritual de gerações passadas. Essa conexão oferece uma perspectiva mais ampla sobre sua própria existência e reforça o senso de responsabilidade em contribuir para o bem-estar coletivo.

O confucionismo também enfatiza a prática dos **rituais (Li)** como uma forma de cultivo espiritual. Esses rituais não se limitam a cerimônias religiosas ou eventos formais; incluem gestos simples, como expressar gratidão, respeitar os mais velhos e agir com cortesia. Cada ritual é uma oportunidade de transcender o ego e reforçar os laços com a comunidade e o cosmos. A regularidade e a sinceridade na execução dos rituais ajudam a moldar o caráter, promovendo uma disciplina que reflete a ordem universal.

Um aspecto fascinante do cultivo espiritual confucionista é sua abordagem holística, que integra corpo, mente e espírito. A saúde física é vista como uma base para o crescimento espiritual, pois um corpo desequilibrado dificulta a clareza mental e a serenidade emocional. Práticas como a meditação e o cuidado com a alimentação são recomendadas não apenas por seus benefícios imediatos, mas por seu impacto na capacidade de viver de acordo com os princípios confucionistas.

Além disso, o cultivo espiritual não é um esforço isolado. A interação com os outros desempenha um papel crucial nesse processo. Através de relações significativas e diálogos enriquecedores, o indivíduo tem a oportunidade de aprender, crescer e contribuir para o desenvolvimento mútuo. A amizade, nesse contexto, é mais do que um vínculo afetivo; é uma parceria espiritual que inspira virtude e fortalece a conexão com o Céu.

O confucionismo também reconhece a importância da **responsabilidade social** como parte do cultivo espiritual. Para Confúcio, não há verdadeira realização espiritual sem um compromisso com o bem-estar da comunidade. O indivíduo que pratica Ren, a benevolência, em suas interações diárias, eleva sua própria alma ao mesmo tempo em que promove a harmonia social. Essa integração entre o pessoal e o coletivo é um dos traços mais marcantes da espiritualidade confucionista.

Outro princípio central do cultivo espiritual é o **equilíbrio emocional**. Confúcio ensinava que a raiva, a ganância e outros impulsos destrutivos obscurecem o julgamento e desviam o indivíduo de sua verdadeira natureza. O autocultivo, nesse sentido, inclui o aprendizado de controlar as emoções e responder às situações com serenidade e sabedoria. Essa prática não apenas beneficia o indivíduo, mas também cria um ambiente mais harmonioso ao seu redor.

O cultivo espiritual no confucionismo não é limitado por fronteiras religiosas ou culturais. Sua ênfase na ética, no autocultivo e na conexão universal ressoa com tradições de todo o mundo. Essa universalidade permite que os princípios confucionistas sejam aplicados em diferentes contextos, oferecendo uma base sólida para enfrentar os desafios espirituais e morais da modernidade.

No entanto, é importante reconhecer que o cultivo espiritual é um processo contínuo e dinâmico. Não há um ponto final, uma iluminação repentina ou um estado de perfeição a ser alcançado. Em vez disso, cada dia oferece uma nova oportunidade de crescer, aprender e alinhar-se mais profundamente com a ordem universal.

Em tempos de rápidas mudanças e desafios globais, o cultivo espiritual confucionista oferece uma perspectiva valiosa. Ele nos lembra que, apesar das incertezas externas, há uma fonte inabalável de orientação e força dentro de cada um de nós. Ao cultivar o espírito com sinceridade e dedicação, não apenas encontramos equilíbrio em nossas próprias vidas, mas também contribuímos para a criação de um mundo mais justo, harmonioso e virtuoso.

Capítulo 46
Harmonia Pessoal

A harmonia pessoal, no âmago do confucionismo, é o reflexo de uma vida que equilibra emoções, ações e pensamentos em consonância com os princípios universais de virtude e ordem. Esse estado de equilíbrio não é um dom inato, mas um objetivo que exige esforço constante, introspecção e autocultivo. Confúcio não concebia a harmonia como algo abstrato ou distante, mas como uma prática tangível, enraizada nas escolhas diárias e no compromisso com o autocontrole e a responsabilidade.

Para compreender a profundidade da harmonia pessoal, é essencial retornar ao conceito de **Zhong**, o equilíbrio central. Zhong representa a ideia de moderação, um caminho entre os extremos, onde o indivíduo é capaz de responder às situações com prudência e sensibilidade. A prática de Zhong permite que as emoções fluam sem descontrole, transformando-se em forças que enriquecem, em vez de desestabilizar. Assim, o equilíbrio emocional torna-se um dos pilares dessa busca pela harmonia.

A busca por equilíbrio, contudo, não se limita ao domínio emocional. Ela também envolve uma profunda reflexão sobre os valores e as prioridades. Para o confucionismo, viver em harmonia pessoal significa alinhar os desejos individuais aos valores éticos universais. Isso implica reconhecer as motivações que impulsionam as ações e garantir que elas estejam fundamentadas em princípios como Ren (humanidade) e Yi (justiça). Ao fazer isso, o indivíduo se torna não apenas um agente de mudança pessoal, mas também um exemplo vivo para sua comunidade.

A harmonia pessoal exige, além disso, uma relação saudável com o tempo. Confúcio ensinava que o passado, o presente e o futuro coexistem na experiência humana e influenciam nossas decisões. A harmonia surge quando o indivíduo é capaz de honrar as lições do passado, agir com consciência no presente e preparar-se para o futuro sem ansiedade excessiva. Esse entendimento confere um senso de continuidade e propósito, reduzindo o impacto das preocupações e fortalecendo a resiliência diante das adversidades.

No contexto confucionista, **os rituais (Li)** desempenham um papel vital na construção da harmonia pessoal. Esses rituais não apenas organizam a vida externa, mas também criam uma estrutura para a autorregulação interna. O simples ato de seguir um ritual, seja em um jantar familiar ou em uma celebração comunitária, ajuda a cultivar paciência, respeito e gratidão. A prática ritualística é, assim, um meio de alinhar o indivíduo com a ordem social e universal, promovendo a tranquilidade interior.

Outro aspecto crucial da harmonia pessoal é a relação do indivíduo consigo mesmo. Confúcio frequentemente falava sobre a importância da **autocrítica** como uma ferramenta de crescimento. Avaliar honestamente os próprios pensamentos e ações permite identificar falhas e corrigir comportamentos, evitando que pequenos desvios se transformem em obstáculos significativos. No entanto, essa autocrítica não deve ser punitiva, mas orientada pelo desejo de melhorar e atingir um estado de equilíbrio.

O cultivo da harmonia pessoal também envolve um **diálogo interno entre o corpo e a mente**. O confucionismo reconhece que o bem-estar físico é inseparável do equilíbrio emocional e espiritual. Cuidar do corpo por meio de práticas regulares, como exercícios físicos, uma alimentação equilibrada e o descanso adequado, não é apenas uma questão de saúde, mas uma forma de honrar o dom da vida e manter a clareza mental necessária para a prática da virtude.

Nesse percurso, a influência da **natureza** emerge como uma aliada indispensável. Confúcio via no mundo natural uma fonte inesgotável de sabedoria e inspiração. A observação das estações, o fluxo dos rios e o crescimento das árvores ensinavam que tudo tem seu ritmo e lugar na ordem universal. Incorporar essa consciência no cotidiano ajuda o indivíduo a aceitar as mudanças inevitáveis da vida com serenidade, adaptando-se sem perder a essência.

A harmonia pessoal, no entanto, não é apenas uma experiência solitária. Ela está intrinsecamente ligada às interações humanas. Confúcio enfatizava que a qualidade das relações influencia diretamente o equilíbrio interno. Cultivar o respeito mútuo, a empatia e a honestidade nas conexões interpessoais não apenas fortalece os laços sociais, mas também cria um ambiente onde o crescimento pessoal e a harmonia podem florescer.

Entre essas relações, a **amizade baseada na virtude** ocupa um lugar especial. O confucionismo sugere que os amigos desempenham um papel fundamental no desenvolvimento do caráter. Eles fornecem apoio, encorajam o autocultivo e, acima de tudo, desafiam o indivíduo a crescer. A troca de ideias e experiências com pessoas virtuosas não apenas enriquece a perspectiva pessoal, mas também reforça os valores centrais da filosofia confucionista.

Por fim, alcançar a harmonia pessoal é um processo que requer **paciência e persistência**. Não se trata de evitar os desafios ou buscar uma vida sem conflitos, mas de encontrar um estado de equilíbrio dentro das circunstâncias. Os ensinamentos de Confúcio nos lembram que, mesmo diante das maiores adversidades, é possível manter a serenidade ao aderir aos princípios éticos e ao confiar na ordem universal.

A harmonia pessoal é, portanto, uma conquista que transcende o indivíduo. É uma força que inspira os outros, influencia o ambiente ao redor e contribui para a construção de uma sociedade mais equilibrada e justa. Ao abraçar essa jornada, o indivíduo não apenas transforma a si mesmo, mas também se torna um elo vital na busca coletiva pela harmonia universal.

Capítulo 47
Disciplina Individual

A disciplina individual é a fundação sólida sobre a qual se constrói uma vida orientada por valores, virtudes e propósito. No confucionismo, ela não se limita ao controle de impulsos ou à adesão estrita a regras; trata-se de uma prática constante de alinhar intenções e ações aos princípios éticos que sustentam a ordem social e cósmica. É um processo que reflete o compromisso do indivíduo com o autocultivo, a melhoria contínua e a harmonia universal.

Confúcio compreendia a disciplina individual como o primeiro passo para o desenvolvimento de qualquer outra virtude. Sem essa base, os ideais de humanidade (Ren), justiça (Yi) e propriedade ritual (Li) permanecem distantes, confinados ao reino da abstração. A prática da disciplina exige que cada pessoa seja vigilante em seus pensamentos, palavras e atos, reconhecendo que mesmo os menores desvios podem causar desarmonia, tanto interna quanto externamente.

A essência dessa disciplina começa com a **autoconsciência**. Confúcio ensinava que o indivíduo deveria constantemente refletir sobre suas ações, examinando se estava cumprindo suas responsabilidades para com a família, a comunidade e consigo mesmo. Essa prática diária de introspecção, conhecida como **auto-reflexão**, era considerada indispensável para identificar falhas e corrigir o curso antes que erros pequenos se tornassem grandes transgressões.

No entanto, a introspecção não deve ser confundida com autocrítica destrutiva. O confucionismo valoriza o equilíbrio entre rigor e compaixão consigo mesmo. O indivíduo disciplinado não é aquele que se pune severamente pelos erros, mas aquele que reconhece suas fraquezas com humildade e trabalha diligentemente para superá-las. Essa abordagem cria um ciclo virtuoso de aprendizado e crescimento, em vez de um ciclo vicioso de culpa e estagnação.

A disciplina individual também está intimamente ligada à **gestão do tempo**. Confúcio enfatizava a importância de viver cada dia com propósito, evitando o desperdício de tempo em atividades triviais ou prejudiciais. A prática da disciplina implica priorizar tarefas que promovem o autocultivo e o bem-estar coletivo, equilibrando trabalho, aprendizado e lazer. Assim, o indivíduo disciplinado torna-se um exemplo de eficiência e foco, inspirando aqueles ao seu redor a seguirem o mesmo caminho.

Outro aspecto fundamental da disciplina confucionista é a **moderação**. Essa virtude, profundamente enraizada no conceito de Zhong (o equilíbrio central), ensina que o excesso, mesmo em coisas boas, pode levar à desarmonia. A moderação abrange todos os aspectos da vida, desde a alimentação até as emoções. O indivíduo disciplinado sabe quando se permitir e quando se conter, reconhecendo que o equilíbrio é a chave para a estabilidade interior e exterior.

No campo das relações interpessoais, a disciplina individual se manifesta no cultivo da **paciência e do respeito**. Confúcio acreditava que a base de todas as interações humanas era o respeito mútuo, e isso exige controle sobre impulsos negativos, como raiva, impaciência ou preconceito. Praticar a disciplina nesse contexto significa ouvir antes de julgar, falar com consideração e agir com integridade, mesmo diante de provocações ou conflitos.

Os rituais (Li) desempenham um papel central na disciplina individual. Para o confucionismo, os rituais não são meras formalidades externas, mas práticas que moldam o caráter e reforçam a ordem interior. Ao participar regularmente de rituais familiares, comunitários ou religiosos, o indivíduo aprende a valorizar a consistência, a atenção aos detalhes e o respeito pelas tradições. Esses elementos fortalecem a capacidade de agir de maneira disciplinada em todas as áreas da vida.

Outro componente essencial da disciplina individual é o **autocontrole emocional**. Confúcio reconhecia que as emoções, se não forem equilibradas, podem ser uma força destrutiva. No entanto, ele também sabia que reprimi-las completamente seria desumano. A disciplina emocional, então, é um meio-termo em que o indivíduo reconhece suas emoções, mas não se deixa dominar por elas. Essa prática exige autoconsciência, mas também treinamento constante, para responder às situações com calma e sabedoria.

O desenvolvimento da disciplina individual está profundamente conectado à **prática do estudo contínuo**. Para Confúcio, aprender era tanto um dever quanto uma alegria. A busca pelo conhecimento e pela sabedoria requer disciplina para persistir diante de dificuldades, para absorver lições de fontes diversas e para aplicar o que foi aprendido na vida cotidiana. O aprendizado disciplinado não é apenas acadêmico; ele também inclui o aprendizado prático, como melhorar habilidades, corrigir falhas e cultivar virtudes.

A disciplina individual também inclui a capacidade de resistir a influências externas que desviam o indivíduo de seu caminho ético. Isso pode significar recusar a corrupção em um ambiente político, evitar comportamentos destrutivos em um contexto social ou simplesmente manter a palavra dada, mesmo quando é inconveniente. A força para resistir a essas pressões vem de um compromisso interno firme com os princípios confucionistas e da convicção de que a virtude é recompensada com harmonia e paz interior.

O confucionismo nos lembra que a disciplina individual não é um fim em si mesma, mas um meio para um propósito maior. Ao cultivar essa qualidade, o indivíduo contribui para a harmonia da família, da sociedade e do cosmos. A disciplina permite que cada pessoa desempenhe seu papel com excelência, criando um ciclo de virtude que se espalha por todas as esferas da vida.

A prática da disciplina individual é um processo contínuo, que exige paciência, determinação e humildade. É um caminho de pequenos passos, mas cada avanço fortalece o caráter e aproxima o indivíduo do ideal confucionista de uma vida equilibrada e virtuosa. Na visão de Confúcio, um mundo harmonioso começa com indivíduos disciplinados, cujas ações refletem os valores mais elevados da humanidade. Assim, a disciplina individual se torna não apenas uma prática pessoal, mas uma contribuição essencial para a construção de uma sociedade mais justa e harmoniosa.

Capítulo 48
Sabedoria Cotidiana

A sabedoria cotidiana é a expressão prática da filosofia confucionista, onde o conhecimento teórico e a reflexão profunda encontram sua realização no dia a dia. Confúcio não via a sabedoria como um conceito abstrato reservado aos eruditos; ao contrário, acreditava que ela deveria ser vivida em cada gesto, decisão e interação. Essa sabedoria prática é o elo que conecta as virtudes confucionistas à realidade diária, transformando ideias elevadas em ações que promovem a harmonia e o bem-estar.

No confucionismo, a sabedoria (Zhi) é compreendida como a habilidade de discernir o certo do errado, de aplicar o conhecimento de maneira ética e de encontrar soluções criativas para os desafios da vida. Ela não se limita a contextos grandiosos; manifesta-se nas escolhas aparentemente simples, como a maneira de tratar os outros, a forma de responder às adversidades e a decisão de agir com integridade, mesmo quando não há testemunhas.

Essa sabedoria se inicia com a **observação atenta do mundo**. Confúcio ensinava que cada momento oferece uma oportunidade de aprendizado, desde a interação com a natureza até as lições extraídas das ações humanas. Essa capacidade de observar, refletir e aprender é o primeiro passo para transformar experiências comuns em fontes de insight. Para o confucionismo, o sábio é aquele que vê significado nos detalhes, que encontra padrões de virtude e desarmonia nas interações cotidianas e que ajusta sua conduta de acordo.

A sabedoria cotidiana está profundamente enraizada na ideia de **equilíbrio e moderação**. Na prática, isso significa buscar o meio-termo em situações de conflito, evitar extremos emocionais e tomar decisões que beneficiem não apenas o indivíduo, mas também a comunidade. Esse princípio, conhecido como **Caminho do Meio**, guia o comportamento do sábio em todos os aspectos da vida, desde as relações familiares até os compromissos profissionais.

Em um nível prático, a sabedoria cotidiana também envolve a capacidade de **gerenciar as emoções**. Confúcio reconhecia que emoções como raiva, inveja e medo são parte da experiência humana, mas ensinava que o controle dessas emoções é essencial para a harmonia pessoal e social. A sabedoria não está em suprimir os sentimentos, mas em compreendê-los e direcioná-los de maneira construtiva. O indivíduo sábio pratica a paciência, a empatia e a autocompaixão, criando um espaço interno onde as emoções podem ser processadas sem causar caos.

Outro aspecto crucial da sabedoria cotidiana é a **capacidade de adaptação**. O mundo está em constante mudança, e aqueles que se apegam rigidamente a uma única maneira de pensar ou agir encontram dificuldades para prosperar. Confúcio ensinava que a verdadeira sabedoria reside na flexibilidade, na habilidade de ajustar as estratégias e perspectivas de acordo com as circunstâncias, sem jamais comprometer os valores fundamentais. Essa adaptabilidade permite que o indivíduo encontre soluções criativas para os problemas, transformando obstáculos em oportunidades de crescimento.

A prática da sabedoria cotidiana também se reflete na **comunicação**. Para Confúcio, as palavras têm um poder imenso; elas podem construir ou destruir, unir ou dividir. O sábio escolhe suas palavras com cuidado, fala com sinceridade e escuta com atenção. Ele evita o discurso vazio ou prejudicial, optando por conversas que promovam entendimento, respeito e cooperação. Essa abordagem comunicativa não apenas fortalece os laços interpessoais, mas também cria um ambiente de confiança e harmonia.

Além disso, a sabedoria cotidiana está presente na **gestão do tempo**. Confúcio acreditava que o tempo é um recurso precioso, e desperdiçá-lo é um sinal de desarmonia interior. O sábio organiza suas prioridades com clareza, dedicando atenção às tarefas que realmente importam e evitando distrações que não contribuem para o autocultivo ou o bem-estar coletivo. Essa prática não significa viver de maneira austera ou rígida, mas sim encontrar um equilíbrio saudável entre trabalho, aprendizado e lazer.

O papel dos **rituais e tradições** na sabedoria cotidiana também merece destaque. No confucionismo, os rituais não são apenas cerimônias formais; eles são práticas diárias que conectam o indivíduo à sua comunidade, à sua história e ao cosmos. Participar de um jantar familiar, mostrar respeito aos mais velhos ou celebrar eventos importantes são exemplos de como os rituais moldam o caráter e reforçam a harmonia social. Para o sábio, cada ritual é uma oportunidade de reafirmar os valores confucionistas e de inspirar os outros a fazerem o mesmo.

Outro componente fundamental da sabedoria cotidiana é a **responsabilidade social**. Confúcio ensinava que cada indivíduo tem um papel a desempenhar na construção de uma sociedade justa e harmoniosa. O sábio entende que suas ações, por menores que sejam, têm impacto no coletivo. Ele assume a responsabilidade por suas escolhas, age com integridade e busca maneiras de contribuir para o bem comum, seja através do voluntariado, da liderança ética ou simplesmente de pequenos gestos de bondade.

Por fim, a sabedoria cotidiana exige **humildade e disposição para aprender**. Confúcio dizia: "Saber o que você sabe e saber o que não sabe, isso é sabedoria." Essa lição nos lembra que a verdadeira sabedoria não está em acumular conhecimento, mas em reconhecê-lo como um processo contínuo. O sábio é um eterno aprendiz, aberto a novas ideias, disposto a ouvir outras perspectivas e pronto para corrigir seus erros quando necessário.

Na prática, a sabedoria cotidiana é uma jornada de pequenos passos, cada um contribuindo para o cultivo de um caráter virtuoso e uma vida significativa. É um esforço constante para transformar o ordinário em extraordinário, para encontrar beleza e propósito nas tarefas simples e para viver de maneira que inspire outros a fazerem o mesmo.

Ao incorporar a sabedoria cotidiana em sua vida, o indivíduo confucionista não apenas promove sua própria harmonia interior, mas também se torna uma fonte de equilíbrio e inspiração para a família, a comunidade e o mundo. Essa sabedoria prática, enraizada nos ensinamentos de Confúcio, é a chave para uma existência plena e para a construção de uma sociedade onde a virtude e a justiça prevalecem.

Capítulo 49
Influência Global

O confucionismo, ao emergir como um dos pilares do pensamento chinês, transcendeu as fronteiras de sua origem geográfica para moldar culturas, sociedades e governanças em diferentes partes do mundo. Sua influência global não é apenas um testemunho da universalidade de seus valores, mas também um reflexo de sua capacidade de adaptação a contextos diversos. O confucionismo tornou-se uma lente por meio da qual civilizações inteiras passaram a compreender a relação entre o indivíduo, a sociedade e a ordem universal.

A disseminação do confucionismo pelo Leste Asiático é uma das narrativas mais significativas dessa influência. Países como Japão, Coreia e Vietnã não apenas adotaram elementos confucionistas, mas também os adaptaram às suas próprias tradições culturais. No Japão, por exemplo, o confucionismo foi integrado ao sistema político e educacional durante o período Tokugawa (1603–1868), sendo utilizado para reforçar a hierarquia social e os princípios de lealdade e respeito. Os samurais, frequentemente vistos como guerreiros, também eram incentivados a seguir os ensinamentos confucionistas, promovendo uma ética de autocultivo e governança moral.

Na Coreia, o confucionismo se tornou a base ideológica da dinastia Joseon (1392–1897), moldando profundamente a estrutura política, educacional e familiar. A filosofia confucionista foi integrada ao sistema de exames para o serviço público, assegurando que os governantes fossem selecionados com base em sua virtude e conhecimento. Além disso, os valores confucionistas de piedade filial e harmonia social se entrelaçaram com as tradições coreanas, criando um modelo de vida comunitária que perdura até os dias de hoje.

O Vietnã também incorporou o confucionismo como uma força central em sua organização social e política. Durante séculos, o sistema educacional vietnamita foi baseado nos textos confucionistas, e os princípios de governança moral guiavam as relações entre governantes e governados. No entanto, assim como em outros países, o confucionismo no Vietnã foi reinterpretado e adaptado, refletindo as especificidades culturais e históricas locais.

A propagação do confucionismo no Leste Asiático não ocorreu de maneira uniforme ou passiva. Em cada contexto, houve um diálogo ativo entre as tradições locais e os princípios confucionistas. Esse processo de adaptação e transformação não enfraqueceu o confucionismo; ao contrário, fortaleceu sua relevância, permitindo que ele se integrasse a diferentes realidades sem perder sua essência.

Além do Leste Asiático, o confucionismo também começou a influenciar o Ocidente, especialmente a partir do século XVII, quando missionários jesuítas introduziram os textos confucionistas na Europa. Para muitos pensadores europeus, os ensinamentos de Confúcio representavam uma filosofia ética que rivalizava com os sistemas religiosos e filosóficos ocidentais. Filósofos iluministas, como Voltaire, elogiaram o confucionismo por sua ênfase na razão, na moralidade e na governança baseada na virtude, vendo nele uma alternativa ao dogmatismo religioso que prevalecia na Europa da época.

No entanto, a recepção ocidental do confucionismo não foi isenta de equívocos. Muitas vezes, ele foi interpretado fora de seu contexto cultural, sendo visto mais como uma coleção de máximas morais do que como um sistema filosófico complexo e interconectado. Apesar disso, sua influência continuou a crescer, especialmente em campos como a ética, a educação e a política.

Na era contemporânea, o confucionismo enfrentou novos desafios e oportunidades de expansão global. A ascensão da China como uma potência mundial reacendeu o interesse pelos valores confucionistas, tanto dentro quanto fora do país. Governos, acadêmicos e líderes comunitários têm explorado como os princípios confucionistas podem ser aplicados para enfrentar os desafios do século XXI, desde a desigualdade social até a crise ambiental.

No âmbito educacional, o confucionismo continua a inspirar sistemas de aprendizado em várias partes do mundo. A ênfase na disciplina, no respeito pelos professores e no valor do estudo contínuo ressoam em culturas que valorizam a educação como um meio de transformação social. Universidades e institutos dedicados ao estudo do confucionismo surgiram em diversos países, promovendo diálogos interculturais e aprofundando o entendimento global dessa filosofia.

Além disso, o confucionismo tem desempenhado um papel crescente nos esforços de diplomacia cultural. Institutos Confúcio, estabelecidos em muitos países, têm servido como pontes para a disseminação não apenas da língua e da cultura chinesa, mas também dos valores confucionistas. Essas iniciativas, embora às vezes vistas com ceticismo, refletem o potencial do confucionismo de fomentar o entendimento e a cooperação global.

A influência global do confucionismo não se limita a esferas intelectuais ou institucionais; ela também se manifesta em práticas cotidianas e valores compartilhados. A ênfase no respeito mútuo, na responsabilidade coletiva e na busca pela harmonia ressoa com muitas culturas ao redor do mundo, independentemente de suas origens filosóficas. Esses princípios, embora enraizados na tradição confucionista, têm um apelo universal, oferecendo diretrizes para uma convivência mais ética e equilibrada.

No entanto, é importante reconhecer que a globalização do confucionismo também trouxe desafios. Em contextos onde valores individualistas predominam, os ensinamentos confucionistas podem ser vistos como anacrônicos ou restritivos. Ainda assim, a resiliência do confucionismo reside em sua capacidade de dialogar com essas perspectivas, adaptando-se sem comprometer seus fundamentos.

Por fim, a influência global do confucionismo é um testemunho de sua profundidade e relevância contínua. Ele transcendeu as barreiras do tempo e do espaço, conectando culturas e inspirando gerações. Mais do que uma filosofia restrita à China ou ao Leste Asiático, o confucionismo tornou-se uma herança compartilhada da humanidade, oferecendo lições valiosas para a construção de um mundo mais justo e harmonioso.

Capítulo 50
Modernidade Confucionista

O confucionismo, moldado em um mundo de hierarquias rígidas e práticas rituais profundas, foi submetido ao teste do tempo, desafiado por eras de mudança e períodos de ruptura. Ao longo dos séculos, suas ideias centrais de harmonia social, liderança ética e autocultivo se adaptaram, permanecendo relevantes mesmo diante das demandas do mundo moderno. Nesta nova era, marcada pela globalização, pelo avanço tecnológico e pela fragmentação social, o confucionismo encontra oportunidades e desafios que redefinem sua essência e ampliam seu impacto.

As transformações sociais e econômicas das últimas décadas colocaram em evidência questões como desigualdade, crises ambientais e alienação cultural. Para muitos, os princípios confucionistas oferecem um caminho de retorno a valores comunitários e de governança ética que contrastam com as tendências individualistas predominantes. Governos, empresas e instituições educacionais têm revisitado esses ensinamentos, buscando neles soluções para problemas contemporâneos que ameaçam a estabilidade e o bem-estar global.

Na China, berço do confucionismo, o renascimento dessa tradição é visível nas esferas política e cultural. Após décadas de rejeição oficial durante a Revolução Cultural, o confucionismo ressurge como um elemento central na construção da identidade nacional e na promoção de um modelo de governança que une modernidade e valores tradicionais. Governantes e intelectuais têm enfatizado a relevância de conceitos como Ren (humanidade) e Li (rituais) para a formação de uma sociedade que valorize o respeito mútuo e a responsabilidade coletiva.

Essa modernidade confucionista também se reflete no campo econômico. Empresas chinesas, especialmente as que operam em mercados globais, têm incorporado os ensinamentos de Confúcio em suas práticas organizacionais, promovendo a lealdade entre os trabalhadores e a liderança baseada no exemplo moral. Em um mundo corporativo cada vez mais competitivo, essa abordagem contrasta com práticas que priorizam resultados imediatos às custas da sustentabilidade ou do bem-estar humano. Líderes empresariais têm explorado a filosofia confucionista como uma maneira de equilibrar crescimento econômico com responsabilidade ética.

Além disso, a ênfase confucionista no aprendizado contínuo encontrou eco nos sistemas educacionais modernos. A busca por excelência acadêmica, muitas vezes associada às culturas asiáticas, reflete valores confucionistas profundamente enraizados, como a dedicação ao estudo e o respeito pelos professores. Universidades em todo o mundo têm revisitado os textos confucionistas para encontrar abordagens inovadoras para problemas educacionais, enquanto a pedagogia confucionista, com sua ênfase na formação integral do indivíduo, é vista como uma alternativa ao ensino técnico e segmentado.

No entanto, a modernidade confucionista não se limita à China ou ao Leste Asiático. A crise ambiental global, por exemplo, destaca a relevância do conceito confucionista de harmonia entre o Céu, a Terra e a humanidade. Para Confúcio e seus seguidores, o equilíbrio universal dependia de uma interação respeitosa entre o homem e o mundo natural. Essa visão encontra ressonância em movimentos ecológicos contemporâneos, que buscam integrar valores espirituais e culturais às soluções tecnológicas para os desafios ambientais. Instituições e líderes ambientais têm explorado os textos confucionistas em busca de inspiração para políticas de sustentabilidade que reconheçam a interconexão entre os sistemas humano e natural.

A crescente globalização também abriu espaço para o diálogo intercultural, no qual o confucionismo se posiciona como um interlocutor relevante. Em sociedades ocidentais, frequentemente divididas por tensões ideológicas e polarizações políticas, o modelo confucionista de governança baseada na virtude oferece uma perspectiva alternativa. Ele sugere que líderes devem não apenas buscar eficiência administrativa, mas também ser exemplos de integridade moral e serviço público. Essa ideia tem influenciado discussões sobre ética política e governança responsável em fóruns internacionais.

Apesar de sua adaptabilidade, o confucionismo moderno enfrenta críticas e desafios significativos. Em contextos urbanos e tecnologicamente avançados, seus ensinamentos podem ser vistos como conservadores ou incompatíveis com valores de autonomia individual e progresso material. Por exemplo, a ênfase confucionista na hierarquia social pode entrar em conflito com movimentos por igualdade e inclusão, enquanto sua valorização da tradição é desafiada por inovações culturais e tecnológicas.

Para superar esses obstáculos, acadêmicos e praticantes têm se empenhado em reinterpretar os textos confucionistas de maneira que dialoguem com os valores contemporâneos. O conceito de Ren, tradicionalmente associado à compaixão e à benevolência, tem sido expandido para incluir a empatia intercultural e a responsabilidade global. Da mesma forma, Li, que no passado referia-se a rituais codificados, agora é visto como uma estrutura flexível para promover a ordem social em contextos dinâmicos.

Outro campo no qual o confucionismo encontra relevância moderna é a saúde mental. Em um mundo onde o estresse, a ansiedade e a solidão atingem níveis alarmantes, os ensinamentos confucionistas sobre equilíbrio emocional, autocultivo e conexão social oferecem ferramentas práticas e filosóficas para enfrentar esses desafios. Psicólogos e terapeutas têm explorado o confucionismo como parte de abordagens integrativas para promover o bem-estar mental, unindo práticas ancestrais com ciência moderna.

A tecnologia, muitas vezes percebida como oposta aos valores tradicionais, também oferece oportunidades para a renovação confucionista. Plataformas digitais, como as redes sociais, têm sido usadas para disseminar os ensinamentos de Confúcio para uma audiência global. Além disso, o desenvolvimento de inteligência artificial e ética digital tem levantado questões sobre como aplicar princípios confucionistas em áreas emergentes, como privacidade, justiça algorítmica e impacto social da automação.

Por fim, a modernidade confucionista destaca a flexibilidade e a resiliência dessa tradição milenar. Ela demonstra que o confucionismo não é um sistema fechado, preso ao passado, mas sim uma filosofia viva, capaz de se adaptar às necessidades de cada era. Ao encontrar novas expressões e aplicações no mundo contemporâneo, o confucionismo continua a iluminar caminhos para a construção de sociedades mais éticas, harmoniosas e sustentáveis. Essa capacidade de transformação não apenas reafirma sua relevância, mas também o posiciona como uma força vital para moldar o futuro da humanidade.

Capítulo 51
Diálogo Cultural

O confucionismo, em sua essência, é uma filosofia que transcende barreiras culturais, apresentando um conjunto de valores e práticas que dialogam profundamente com as necessidades e as aspirações humanas universais. Nas interações entre culturas, religiões e sistemas filosóficos, ele surge como um mediador que enaltece o respeito, a reciprocidade e a harmonia.

A interação do confucionismo com outras tradições começou em sua própria terra natal. Durante os séculos em que floresceu na China, ele coexistiu com o taoismo e o budismo, formando o que alguns chamam de as "Três Ensinaças" (San Jiao), que moldaram profundamente a vida espiritual e ética do povo chinês. Embora suas perspectivas sobre a natureza humana e o universo possam divergir, o confucionismo aprendeu a dialogar com essas tradições, encontrando pontos de convergência e complementaridade. Por exemplo, a ênfase confucionista na moralidade social e na ética familiar foi enriquecida pelo foco taoista no equilíbrio natural e pela espiritualidade introspectiva do budismo.

A harmonia entre essas tradições não foi sempre pacífica, mas os conflitos intelectuais que emergiram serviram para refinar suas respectivas doutrinas. Confucionistas como Zhu Xi reinterpretaram ensinamentos clássicos à luz das influências budistas, dando origem ao neoconfucionismo, um movimento que integrou aspectos metafísicos do budismo com a ética prática confucionista. Este exemplo destaca como o confucionismo, longe de se isolar, é uma filosofia aberta à troca, fortalecendo-se no processo.

No âmbito internacional, o confucionismo também encontrou ressonância. Países vizinhos, como o Japão, a Coreia e o Vietnã, absorveram e adaptaram seus ensinamentos, integrando-os a suas culturas locais. No Japão, o confucionismo se amalgamou com o xintoísmo e o budismo, influenciando códigos de conduta samurais, como o Bushido. Na Coreia, o confucionismo moldou profundamente a organização social, enfatizando a piedade filial e as hierarquias familiares. No Vietnã, ele guiou estruturas governamentais e práticas educacionais, contribuindo para a formação de uma elite administrativa instruída nos clássicos confucionistas.

Apesar dessas adaptações regionais, cada sociedade reinterpretou o confucionismo para se alinhar às suas necessidades locais. Essa maleabilidade do confucionismo reflete sua capacidade de respeitar e integrar diversidades culturais sem perder sua essência. Ele não se impõe como uma verdade única, mas se apresenta como um sistema ético que se adapta e dialoga.

No Ocidente, o confucionismo encontrou um terreno mais desafiador, especialmente devido às diferenças filosóficas fundamentais entre os sistemas de pensamento. No entanto, a partir do final do século XIX, estudiosos ocidentais começaram a reconhecer seu valor, destacando como ele oferece perspectivas alternativas para questões como governança, ética e responsabilidade social. Pensadores como Max Weber e Bertrand Russell analisaram a influência do confucionismo na formação da ética do trabalho e na estabilidade social da China, mesmo que muitas vezes o tenham feito de forma crítica ou limitada.

Nas últimas décadas, entretanto, o confucionismo tem ganhado maior aceitação no Ocidente, especialmente em um momento em que as sociedades buscam alternativas às polarizações políticas e à crise ética. Líderes religiosos e acadêmicos têm promovido encontros inter-religiosos onde o confucionismo ocupa um papel central, dialogando com o cristianismo, o judaísmo, o islamismo e outras filosofias orientais. Esses diálogos enfatizam os pontos em comum, como o foco na ética pessoal e na responsabilidade comunitária, enquanto respeitam as diferenças intrínsecas.

Um exemplo contemporâneo significativo é o Fórum Mundial de Civilizações, onde representantes de diversas tradições se reúnem para discutir soluções para desafios globais, como mudanças climáticas, desigualdades sociais e conflitos políticos. Os princípios confucionistas de Ren (humanidade) e He (harmonia) têm sido frequentemente citados como bases para construir cooperação internacional, promovendo empatia entre nações e respeito mútuo.

Além disso, o confucionismo tem contribuído para debates sobre direitos humanos e justiça social. Embora algumas críticas apontem para sua ênfase em hierarquias sociais e seu potencial para justificar desigualdades, muitos defensores argumentam que os textos confucionistas, especialmente os Analetos, oferecem um forte fundamento para a dignidade humana e a responsabilidade coletiva. A ideia de que líderes devem governar com virtude, servindo ao bem comum, ressoa com princípios democráticos e humanitários.

No campo educacional, o confucionismo também encontrou espaço para influenciar práticas pedagógicas em diferentes culturas. Escolas e universidades têm promovido programas que integram o aprendizado confucionista com currículos modernos, destacando a relevância do autocultivo e do aprendizado contínuo. Esses programas não apenas preservam os textos clássicos, mas os reinterpretam à luz das questões contemporâneas, como a sustentabilidade, a ética tecnológica e a diversidade cultural.

Outro aspecto importante do diálogo cultural é a disseminação do confucionismo por meio da tecnologia. Instituições como o Instituto Confúcio têm utilizado plataformas digitais para promover o estudo da língua e da cultura chinesa, ao mesmo tempo em que introduzem princípios confucionistas a audiências globais. Redes sociais, cursos online e conferências virtuais têm permitido que o confucionismo alcance indivíduos que talvez nunca tenham tido contato com suas ideias, facilitando um diálogo cultural mais acessível e dinâmico.

Por fim, o confucionismo destaca a importância da escuta ativa e do respeito mútuo em qualquer interação cultural. Seus ensinamentos nos lembram que o verdadeiro diálogo não é apenas uma troca de palavras, mas um esforço genuíno para compreender o outro e encontrar pontos de convergência. Em um mundo marcado por divisões e desconfianças, o confucionismo se apresenta como um guia que valoriza a coexistência e a colaboração, reafirmando que o progresso humano depende da harmonia entre as diferenças.

Assim, o confucionismo não é apenas uma relíquia do passado, mas uma filosofia viva que continua a enriquecer e ser enriquecida por suas interações com outras culturas. Sua mensagem é clara: o diálogo, quando fundamentado na ética e na empatia, tem o poder de transcender fronteiras e construir um mundo mais unido e compassivo.

Capítulo 52
Desafios Contemporâneos

O confucionismo, embora enraizado em milênios de tradição, enfrenta desafios significativos em um mundo cada vez mais moldado pela globalização, pela urbanização e pelo individualismo crescente. Esses desafios, longe de diminuírem sua relevância, colocam à prova sua capacidade de adaptação, obrigando-o a se transformar sem perder sua essência.

Entre os obstáculos mais evidentes está a urbanização acelerada, um fenômeno global que vem redefinindo as dinâmicas sociais e familiares. Nas megacidades do século XXI, os valores confucionistas tradicionais, como a piedade filial (Xiao) e a harmonia familiar, enfrentam o desafio de sobreviver em um contexto onde laços comunitários estão enfraquecidos. A estrutura familiar tradicional, que outrora era o núcleo das virtudes confucionistas, muitas vezes é substituída por redes sociais mais fragmentadas e impessoais. A convivência entre gerações sob o mesmo teto, uma prática fundamental para o cultivo da piedade filial, tem dado lugar a uma maior independência individual, onde idosos frequentemente vivem isolados de seus descendentes.

No entanto, o confucionismo encontra formas de ressurgir nesse novo contexto. A ênfase em Li, os rituais, pode ser adaptada para fortalecer os vínculos familiares, mesmo em um ambiente urbano. Práticas como reuniões regulares, celebrações de marcos importantes e a criação de momentos de reflexão coletiva podem ser vistas como versões modernas de rituais tradicionais. Assim, o confucionismo não se opõe às mudanças, mas as abraça, preservando seus valores essenciais em formatos contemporâneos.

Outro desafio significativo é a globalização, que trouxe consigo um encontro sem precedentes entre culturas, mas também um questionamento das tradições locais. No caso do confucionismo, esse fenômeno cria um paradoxo: por um lado, ele é reconhecido como um patrimônio intelectual valioso; por outro, é frequentemente confrontado por ideologias que priorizam a autonomia individual e os direitos universais sobre o coletivo. Em especial, a crítica ao confucionismo como um sistema que reforça hierarquias sociais e submissão aos superiores desafia sua legitimidade em uma era que celebra a igualdade e a liberdade.

Embora essas críticas tenham mérito, é importante lembrar que o confucionismo, como filosofia viva, não é estático. As ideias confucionistas podem ser reinterpretadas à luz dos princípios contemporâneos de igualdade e justiça social. Por exemplo, o conceito de Ren (humanidade) pode ser aplicado para enfatizar a empatia e o cuidado mútuo em todas as relações humanas, independentemente de status ou hierarquia. Essa flexibilidade é uma das maiores forças do confucionismo, permitindo que ele se engaje com questões modernas sem abandonar suas raízes.

A crise ambiental é outro campo em que o confucionismo encontra novos desafios e possibilidades. O conceito de Tian (Céu), que representa a ordem natural e o equilíbrio cósmico, ressoa profundamente com as preocupações ecológicas do século XXI. Em uma época marcada pela degradação ambiental e pelas mudanças climáticas, o confucionismo oferece uma perspectiva única: a de que os seres humanos devem viver em harmonia com o mundo natural, respeitando sua interdependência com a Terra. A prática de autocultivo (Xiushen) também pode ser reinterpretada como um convite ao consumo consciente e à responsabilidade ambiental.

Apesar dessas possibilidades, o confucionismo enfrenta resistências internas e externas. Na China, seu berço, ele é frequentemente associado ao passado feudal e à opressão patriarcal, especialmente devido à sua instrumentalização histórica por regimes autoritários. Para muitos jovens chineses, o confucionismo é visto como algo arcaico, desconectado das aspirações modernas. No entanto, movimentos recentes têm buscado reviver a filosofia confucionista como uma fonte de identidade cultural e como uma alternativa aos valores materialistas que muitas vezes dominam as sociedades contemporâneas.

Fora da China, o confucionismo enfrenta o desafio de se traduzir em contextos culturais e filosóficos muito diferentes. Nos Estados Unidos e na Europa, ele é frequentemente reduzido a um sistema ético de disciplina e hierarquia, ignorando suas dimensões mais profundas de espiritualidade e conexão humana. Para superar esses preconceitos, é necessário um esforço de educação e diálogo que apresente o confucionismo em sua complexidade, enfatizando suas contribuições para a ética, a política e a filosofia global.

A tecnologia também desempenha um papel duplo no enfrentamento dos desafios contemporâneos. Por um lado, ela cria distrações e promove um ritmo de vida que muitas vezes é contrário aos ideais confucionistas de reflexão e equilíbrio. Por outro, ela oferece ferramentas poderosas para a disseminação e a prática do confucionismo. Plataformas digitais, como aplicativos de meditação e redes sociais dedicadas ao autocultivo, podem ajudar a popularizar os ensinamentos confucionistas entre as novas gerações. Além disso, a inteligência artificial e outras inovações tecnológicas podem ser orientadas por princípios éticos confucionistas, garantindo que sirvam ao bem comum e respeitem a dignidade humana.

O individualismo, talvez o maior desafio ao confucionismo no século XXI, questiona sua ênfase na coletividade e nas responsabilidades mútuas. Em uma era em que a realização pessoal muitas vezes é vista como o objetivo último, os valores confucionistas de sacrifício e dever parecem contrários ao espírito do tempo. No entanto, o confucionismo pode oferecer um equilíbrio entre o individual e o coletivo, destacando que o autocultivo e a realização pessoal não são fins em si mesmos, mas meios para contribuir para uma sociedade mais harmoniosa e justa.

Por fim, o confucionismo enfrenta o desafio de permanecer relevante sem se diluir. Sua sobrevivência depende de sua capacidade de se engajar com questões contemporâneas enquanto preserva sua identidade. Isso exige um esforço contínuo de reinterpretar seus textos clássicos, adaptar suas práticas e dialogar com outras tradições e sistemas de pensamento.

Apesar dos desafios, o confucionismo continua a inspirar milhões de pessoas ao redor do mundo. Sua ênfase na ética, na harmonia e na responsabilidade social oferece uma visão atemporal que, longe de ser obsoleta, é mais necessária do que nunca. Em um mundo marcado por crises e incertezas, o confucionismo lembra que o verdadeiro progresso começa com a virtude individual e se expande para o bem-estar coletivo, conectando o passado ao futuro em uma linha ininterrupta de sabedoria.

Capítulo 53
Legado Eterno

O confucionismo, com sua história imensa e multifacetada, atravessou os séculos como uma força filosófica, ética e cultural. Sua relevância transcende fronteiras geográficas, atingindo não apenas a Ásia, mas também impactando diálogos filosóficos e culturais globais.

Desde suas origens, o confucionismo se estabeleceu como mais do que uma filosofia; é um sistema ético e espiritual que oferece uma abordagem integrada para compreender o lugar do ser humano no mundo. Os ensinamentos de Confúcio e seus seguidores, como Mêncio e Xunzi, formaram a base para sistemas de governança, educação e relações sociais que sustentaram sociedades inteiras por gerações. No entanto, o verdadeiro legado do confucionismo reside em sua capacidade de se adaptar e permanecer relevante, mesmo diante de transformações históricas e culturais.

O impacto do confucionismo na história da China é profundo e abrangente. Ele moldou a estrutura das dinastias imperiais, influenciando políticas públicas, sistemas jurídicos e práticas administrativas. O exame imperial, baseado nos textos confucionistas, foi a espinha dorsal do recrutamento de líderes e funcionários governamentais durante séculos. Esse sistema não apenas garantiu que os líderes fossem educados nos valores da virtude e da justiça, mas também promoveu a ideia de meritocracia, um princípio que ainda ressoa em sociedades contemporâneas.

No entanto, o confucionismo transcende sua terra natal. Ele encontrou novos significados e expressões em culturas vizinhas, como Japão, Coreia e Vietnã, onde foi incorporado a contextos culturais distintos, enriquecendo ainda mais seu legado. No Japão, por exemplo, os princípios confucionistas influenciaram o código de ética dos samurais, enquanto na Coreia eles sustentaram a estrutura das relações familiares e sociais. No Vietnã, o confucionismo desempenhou um papel central na organização do sistema educacional e administrativo.

Hoje, o confucionismo enfrenta um mundo diferente daquele em que surgiu. As dinâmicas da modernidade desafiaram suas fundações, mas também abriram novas possibilidades. Sua ênfase na harmonia social e no equilíbrio ressoa em um mundo frequentemente marcado por divisões e conflitos. O conceito de Ren (humanidade) encontra eco em iniciativas globais que buscam promover a empatia e a cooperação entre povos e nações. Ao mesmo tempo, os ensinamentos confucionistas sobre autocultivo e responsabilidade social oferecem um caminho para enfrentar questões contemporâneas, como a crise climática e a desigualdade social.

O renascimento do confucionismo na China moderna é um testemunho de sua resiliência. Depois de décadas de repressão durante o período maoísta, ele ressurge como uma força cultural e política. O governo chinês, por exemplo, estabeleceu os Institutos Confúcio em vários países para promover a língua e a cultura chinesa, usando o nome do filósofo como símbolo de uma herança cultural rica e influente. No entanto, esse renascimento não está isento de críticas, com muitos argumentando que o confucionismo está sendo usado como uma ferramenta de propaganda estatal.

Além disso, o confucionismo está encontrando novos adeptos e interpretações no Ocidente. Filósofos e acadêmicos ocidentais começaram a explorar sua relevância em questões como ética empresarial, liderança e governança. Sua abordagem holística, que enfatiza o equilíbrio entre o indivíduo e o coletivo, oferece uma alternativa valiosa às filosofias individualistas que muitas vezes predominam no Ocidente.

O futuro do confucionismo depende de sua capacidade de se engajar com o mundo moderno sem perder sua essência. Essa tarefa exige um esforço contínuo de reinterpretar seus textos clássicos e adaptar suas práticas. No entanto, a filosofia confucionista não é rígida; ela possui uma flexibilidade intrínseca que permite sua evolução ao longo do tempo. Sua ênfase em princípios éticos universais, como a busca pela harmonia, a prática da virtude e o respeito às relações humanas, garante sua relevância em qualquer época ou contexto cultural.

Além de seu impacto filosófico e ético, o confucionismo também deixou um legado cultural profundo. Ele influenciou a arte, a literatura e a música, enriquecendo a herança cultural de inúmeras sociedades. Os rituais confucionistas, embora frequentemente associados à religião, transcendem o sagrado, funcionando como manifestações tangíveis de valores éticos e sociais. Eles nos lembram que a conexão humana e o respeito mútuo são fundamentais para uma sociedade harmoniosa.

Por fim, o legado eterno do confucionismo é um lembrete de que a busca pela virtude e pela harmonia é uma jornada contínua. Ele nos desafia a olhar para além das nossas preocupações imediatas e considerar nosso papel em um todo maior. Em um mundo marcado por incertezas, o confucionismo oferece uma âncora, uma maneira de reconectar o indivíduo à comunidade, o presente ao passado e a humanidade ao cosmos.

Enquanto nos despedimos desta jornada pelos princípios, práticas e impacto do confucionismo, somos lembrados de que seu verdadeiro valor não reside apenas em suas palavras, mas em como elas inspiram ações. O legado confucionista não é um monumento estático, mas uma força viva, pronta para guiar aqueles que buscam construir um mundo mais ético e harmonioso. O convite final é claro: que seus ensinamentos não permaneçam confinados às páginas da história, mas sejam vividos e aplicados, perpetuando sua sabedoria através das gerações.

Epílogo

Ao concluir esta jornada através dos "Rituais da Unidade", uma compreensão profunda se desvela: a harmonia não é um estado estático, mas uma dança delicada entre tradição e transformação, indivíduo e coletivo, humano e cósmico. Este livro não buscou apenas apresentar uma filosofia ou recontar a história de um período tumultuado; ele o guiou para um reencontro consigo mesmo, com a essência que conecta o íntimo ao universal.

As lições do confucionismo ecoam em cada gesto, cada escolha, cada relação que molda a vida. Ren, a humanidade, lembra-nos que a verdadeira força está na compaixão. Yi, a justiça, nos desafia a agir com retidão, mesmo quando isso exige sacrifícios. Li, os rituais, mostram que a repetição sincera de ações virtuosas pode transformar o caos em ordem, tanto dentro de nós quanto no mundo ao nosso redor.

Ao fechar este livro, você não encerra uma leitura; você inicia um novo capítulo de sua existência. Que aspectos da sua vida clamam por um alinhamento maior com a virtude? Que interações podem ser elevadas por uma prática mais consciente da humanidade? Estas perguntas não têm respostas definitivas, mas são portas para reflexões que continuarão a guiá-lo muito além deste momento.

A obra que agora se encerra é um convite à continuidade. Cada página lida não é apenas uma memória; é uma semente plantada. Os ensinamentos de Confúcio e dos sábios que o seguiram não são monumentos fixos, mas rios que fluem, adaptando-se ao terreno de cada época e cada leitor. Permita que essas águas transformem o seu solo interior, fertilizando novas ideias, ações e conexões.